MONEY POOR SURVIVAL PROJECT

머니푸어
돈관리

Copyright ⓒ 2013, 김태형
이 책은 한국경제신문 한경BP가 발행한 것으로
본사의 허락없이 이 책의 일부 또는 전체를 복사하거나 전재하는 행위를 금합니다.

2030 빚 걱정 없이 사는 법

머니푸어 돈관리

|김태형 지음|

MONEY POOR SURVIVAL PROJECT

한국경제신문

| 차례 |

프롤로그 | 투자해서 돈 버는 시절은 갔습니다! • 6
머니푸어 생존재테크 10계명 • 14

1 누구나 대박을 꿈꾼다 • 19

나재성, 대박을 꿈꾸다 | 오 교수의 개인레슨 | 투자와 동전던지기 |
여윳돈이라는 착각에 빠지다

LESSON 1 돈 관리 전에 생각해야 할 것들 56

2 꼬리에 꼬리를 무는 빚, 빚, 빚 • 59

빚 좋은 개살구 | 숫자야, 안녕 | 커피 두 잔 | 통장잔고는 어디에? |
버퍼메모리의 존재감 | 꼬리를 무는 카드대금

LESSON 2 재무상태 자가진단법 70
LESSON 3 통장관리 시스템 만들기 93
LESSON 4 지출관리에 유용한 금융상품 102

3 노후는 없다 • 107

현실에서 미래와 마주하다 | 유종의 미 | 균열되는 피라미드 | 끝내
기 역전승을 꿈꾸며

LESSON 5 노후 3층보장체계란? 118
LESSON 6 은퇴자금, 얼마나 필요할까 132

Money Poor Survival Project

4 아플까봐 걱정이다 • 135

우울한 퇴근길 | 끝없는 고민

LESSON 7 리스크관리는 어떻게 해야 할까 152

5 시간이 돈을 이긴다 • 155

시간은 배신하지 않는다 | 게임의 법칙 | 인플레이션의 습격 | 뭉치면 죽는다? | 장밋빛 환상을 보다

LESSON 8 72로 통하는 복리의 원리 173
LESSON 9 분산투자에도 전략이 필요하다 205
LESSON 10 적립식 투자와 코스트 에버리징 효과 219

6 재무 항로를 점검하다 • 225

오 교수의 마지막 레슨

에필로그 | 우리는 왜 돈을 벌어야 할까요? • 236
돈의 속박에서 벗어나는 10가지 나침반 • 240

프롤로그

투자해서 돈 버는 시절은 갔습니다!

대기업 유통 분야에 근무하는 K씨. 28세 미혼 여성으로 직장생활 3년차건만 특별히 모아놓은 돈이 없습니다. 직장 생활을 시작한 이후, 학비에 보태고자 밤낮으로 아르바이트를 하며 살아온 대학 시절에 대한 보상이라 여기며, 비교적 자유로운 소비생활을 즐겼던 탓이지요. 어느 날, 비어 있는 통장 잔고를 살펴보던 K씨는 회의감이 일었습니다. 지난달 카드값을 막고 남은 약간의 월급통장 잔고와 얼마 전 지인의 권유로 얼떨결에 가입했던 20만 원가량의 보험이 자산의 전부였던 것입니다. 매월 받는 급여가 세금 떼고 200여 만 원. 직장생활을 시작한 후 지금까지 받은 돈이 다 어디로 갔는지, 도무지 알 수 없는 노릇이었지요.

매월 500만 원의 맞벌이 소득으로 생활하는 결혼 6년차 J씨

부부. 결혼 이후부터 줄곧 재테크에 관심을 갖고 있지만 무언가에 쫓기는 것 같은 불안감이 가시지 않아 문제입니다. 나름 아껴가며 꾸준히 저축을 하고 있지만 돈이 모이는 속도는 더디기만 하고, 아이에게 들어가는 돈은 점점 많아지고, 집값 역시 그 속도를 따라가지 못할 만큼 점점 오르고. 주택 마련은커녕 2년마다 돌아오는 전셋값 올려주기도 벅찬 상황. 혼자 심심해하는 아이를 생각하면 둘째 생각이 나기도 하지만 '대학등록금 1000만 원 시대'라는 말을 들으면 절로 고개를 젓게 됩니다. 게다가 TV를 틀면 고령화다 저출산이다 노후준비다 시끄러운데, 정작 자신들은 별다른 준비를 하지 못하고 있는 것 아닌가 싶어 늘 불안한 마음뿐이죠.

K씨와 J씨 부부. 그들은 경제적으로 현명한 삶을 살고 있는 걸까요? 문제가 있다면, 어떤 식으로 실마리를 풀어가야 할까요?

서글픈 '푸어(Poor) 전성시대'

2012년 한 해 언론에서 가장 많이 언급된 신조어로 '하우스푸어'가 꼽혔습니다. 엄청난 대출금을 얻어 집을 샀는데 부동산 경기침체와 가격하락으로 자산가치는 줄고 이자부담은 늘어서, 소득이 있어도 늘 빈곤한 삶을 살아가는 사람들을 일컫는 단어죠. 하우스푸어 외에도 과다한 교육비 지출로 빈곤한 삶을 사는

'에듀푸어', 과다한 의료비 지출의 '메디푸어', 부족한 노후대비로 인한 노년빈곤층 '실버푸어', 계획 없는 임신과 출산으로 인해 경제적 빈곤에 빠진 '베이비푸어'까지 대한민국은 소위 '푸어(Poor)의 전성시대'라 해도 과언이 아닌 것 같군요. 살인적인 물가상승, 오르지 않는 월급, 재테크 실패 등으로 열심히 일하고 모아도 팍팍한 살림살이가 나아지지 않는 요즈음 직장인들의 모습이 여기 있습니다.

바야흐로 고령화, 저금리, 저성장의 3중고 시대입니다. 초장부터 김 빼는 소리 같지만, 요즘 같은 시기에 재테크를 잘해서 부자가 될 가능성은 거의 없습니다. 매년 50% 이상의 수익을 올릴 수 있다면 재테크만으로도 큰 부자가 될 수 있겠죠. 그러나 요즘 같은 시기에 이러한 수익률을 낼 수 있다면 그것은 정상적인 투자라기보다 투기나 도박에 가까울 겁니다.

그래서일까요? 재테크에 대한 관심이 많이 줄어드는 요즈음입니다. 자포자기식 무관심으로 일관하는 사람들마저 생겨났습니다. 불안정한 미래에 대한 스트레스, 밑 빠진 독 물 붓기에 지친 나머지 현재지향적 사고가 만연하는 분위기들. 어차피 대출이자와 카드값으로 흔적도 없이 사라질 돈인데 명품 가방 하나 더 산다고 달라질 것이 없다는 식이죠. 정말 안타까운 현상이 아닐 수 없습니다.

재테크를 잘한다고 모두 부자가 될 수 있는 것은 아닙니다. 하지만 재테크를 못하면, 열심히 일하고 벌어도 항상 돈에 휘둘리고 돈에 허덕이는 이른바 '머니푸어(Money Poor)'가 되기 쉽습니다. 돈과 금융 공부는 인생에서 여전히 중요한 필수과목인 것입니다.

기본부터 다시 시작하라

재테크 강연을 다니며 가장 많이 받는 질문은 "재테크를 잘 하고 싶은데 어떤 방법이 좋을까요?"입니다. 쉬우면서도 어려운 질문이죠. 부자가 되는 가장 쉬운 길은 '주체할 수 없을 만큼 많은 돈을 벌기'일 겁니다. 이런 사람들에게 재테크는 큰 의미가 없겠지요. 하지만 평범한 삶을 살아가는 20~40대 월급쟁이라면 이야기가 달라집니다. 한정된 자원 안에서 생활비는 물론 내 집 마련, 자녀교육, 은퇴준비, 미래설계 등 산적한 미션들을 해결해야 하니까요. 그래서 '선택과 집중'은 필수입니다.

평범한 사람이 재테크에 실패하지 않으려면 'Back to the Basic', 즉 '기본에 충실한 재테크'를 해야 합니다. 재테크의 기본은 무엇일까요. 수입은 최대한 늘리고 지출은 최대한 줄여 그 차이를 극대화하는 것입니다. 하지만 현실적으로 수입을 컨트롤하기란 쉽지 않죠. 그런 의미에서 재테크의 가장 대표적인 기본이야말로 지출관리, 즉 절약이라 할 수 있습니다.

투자를 통해 연간 10%의 수익을 냈다고 합시다. (참고로 요즘 같은 저금리 시대에 투자로 연 10% 정도 수익률만 낼 수 있으면 소위 재테크 고수 축에 속합니다.) 월 200만 원의 수입을 올리는 사람이 수입의 50%인 100만 원을 1년간 저축하면 원금은 1200만 원이 됩니다. 이것을 1년간 열심히 재테크해서 연 10%의 수익을 올렸을 경우, 이자는 120만 원입니다. 반면 100만 원에서 10%만 더 아껴서 지출을 줄이면, 재테크의 원금은 110만 원×12개월 =1320만 원이 됩니다. 이를 다시 1년에 5%의 예금수익만 올려도 66만 원의 수익이 추가로 발생합니다.

한 달에 100만 원씩 모아 열심히 10% 수익을 올리며 1320만 원을 모으는 것과, 한 달에 10%를 아껴 1386만 원을 모으는 것. 과연 어떤 것이 더 쉬울까요? 단언컨대 10% 수입을 올리는 것보다 10% 절약을 하는 것이 몇 배 더 쉬울 겁니다.

더군다나 절약에는 어떠한 리스크도 없습니다. 다시 말해 지출은 기본적으로 100% 자신의 힘으로 컨트롤할 수 있습니다. 반면 투자라고 하는 것에는 변수가 무척 많지요. 고수익의 이면에는 항상 위험이 뒤따르며, 많은 것이 나의 통제 영역 밖에서 이루어집니다. 운이 좋아 10~20%의 수익을 올릴 수도 있지만, 다음 해에는 30%의 손해를 볼 수도 있는 것이 바로 투자인 것입니다.

돈의 속박에서 탈출하기

외모 관리하는 데만 하루에 몇 시간씩 투자해야 가능할 것 같은 매끈한 피부와 근육질 몸매의 꽃미남이 '실장님' 소리를 들어가며 외제차를 몰고 등장합니다. 명품 옷, 명품 구두, 명품 시계가 기본인 이 남자는 하루 종일 일은 안 하고 연애만 하러 다니죠. 직장인의 일상처럼 그려지는 TV 드라마 속 주인공들 이야기들. 이런 삶을 꿈꾸지 않을 이는 없을 겁니다. 하지만 현실은 어떤가요. 현실 속 실장님들은 대부분 40대 이상에 불룩한 아랫배와 탈모로 듬성듬성한 머리숱을 가진, 스트레스에 절어 있는 전형적인 아저씨일 뿐입니다.

억대연봉이라는 말이 사회적 화두입니다. 억대연봉을 받는 것이 성공의 척도처럼 여겨지고, 우리는 누구나 억대 연봉을 꿈꾸며 살아갑니다. 그러나 억대 연봉은 하루아침에 이루어지는 것도, 하늘에서 뚝 떨어지는 것도 아닙니다. 억대연봉자들 가운데 치열한 삶을 살아오지 않은 사람은 한 사람도 없습니다. 본인을 위해 돈 쓸 시간조차 없는 사람들이 대부분이죠.

막연하게 부자를 부러워만 할 일이 아닙니다. 그 자리에 오르기 위해 얼마나 준비하고 노력해야 하는지 진지하게 고민해야 합니다. 그래야 돈의 지배에서 벗어날 수 있습니다. 드라마 속 억대 연봉자의 화려한 삶 자체를 부러워한다면, 영원히 돈의 지배에서 벗어날 수 없습니다.

제가 아는 샐러리맨 중에 꽤 많은 연봉을 받는 사람이 있습니다. 그의 아내 역시 고액연봉자죠. 하지만 이 부부는 수입에 비해 이렇다 할 자산을 모으지 못하고 매월 카드값에 허덕이는 신세랍니다. 많이 벌지만 그만큼 많이 쓰기 때문입니다. 월 500만 원을 번다 해도, 500만 원을 버는 사람들의 수준에 삶을 맞춰 살아가면, 현재의 삶은 윤택할지 몰라도 미래가 나아질 리 없습니다. 200만 원의 삶이 준비된 사람이라 하더라도 참고 참아 100만 원의 인생을 감내한다면, 나중에 300만 원짜리 인생을 살아갈 수 있습니다. 이것이 재테크의 기본 원리입니다.

돈이 바닥나면 우선 신세 한탄부터 늘어놓는 사람들이 많습니다. 자신의 생활 태도가 낳은 결과임에도 사람들은 '돈'과 '나'를 떼어놓고 생각하는 데 익숙하죠. 하지만 돈의 흐름에는 늘 '나'의 생활태도가 담겨 있기 마련입니다. 지금 가지고 있는 돈의 양은, 결국 지나온 내 삶의 태도의 총결산인 셈이지요. 돈에 대한 '나'의 태도를 바꾸면 자연히 돈이 모이게 될 것입니다. 과거가 지금의 나를 형성해온 것처럼, 현재를 바꾸면 나의 미래가 바뀔 수 있습니다.

무엇인가를 이루기 위해 너무 늦은 때라는 것은 없습니다. 이제부터라도 새로운 각오로 재테크를 다시 시작해보면 어떨까요?

이 책의 주인공 나재성은 35세의 평범한 샐러리맨입니다. 보다 나은 삶을 꿈꾸며 투자세계에 뛰어들었지만 연이은 실패로 스트레스만 안은 채 하루하루를 살아가죠. 이야기 속 인물이지만 "아, 나와 같은 사람이네" 공감할 독자가 많을 것 같네요.

이 책이 모든 질문에 답을 줄 수는 없을지 모릅니다. 하지만 주인공 나재성이 대한민국 20~40대의 경제적 고민과 의문들을 하나하나 풀어가는 과정을 통해, 여러분들도 재테크의 의미와 올바른 해답을 찾을 수 있기를 바랍니다. 나아가 독자들께 작은 희망과 힌트를 줄 수 있기를 희망해봅니다.

2013년 2월
김태형

머니푸어 생존재테크 10계명

부동산 값은 내리고, 주식은 폭락하고, 예금금리는 내려가고, 물가는 오르고, 세금은 갈수록 가중되는 이른바 재테크 디플레이션 시대. 이제는 '재테크로 부자 되기' 보다 '돈의 속박에서 어떻게 하면 해방될 수 있느냐'에 대한 진지한 고민이 필요할 때다. 재테크 디플레이션 시대에 '돈의 지배에서 벗어나기 위한 생존재테크 법칙'을 소개한다.

1. **절약이 투자를 이긴다**
재테크는 크게 절약, 저축, 투자로 구분된다. 남들의 화려한 재테크 성공담을 들으면 내 손안의 월급은 한없이 초라하게 느껴지게 마련이다. 그렇다고 마땅히 투자할 곳을 찾는 것도 쉽지 않은 요즘이다. 무조건 은행에 맡기자니 저금리로 정기예금 이자율도 말이 아니다.
이럴 때일수록 최고의 수익률을 내려면 씀씀이를 줄여야 한다. 요즘 '간장녀'라는 신조어가 화제다. 몇 년 전 등장했던 '된장녀'가 이른바 사치의 대명사였다면 간장녀는 알뜰 소비족의 대명사로 일컬어진다. 그렇다고 무조건 아끼자는 게 아니다. 불필요한 지출은 최대한 줄이되 가치 있고 필요한 곳에는 과감히 지출하는 전략이 필요할 때이다.

2. **빚 관리 먼저 하라**
요즘 가계 살림의 지상 과제는 빚 줄이기다. 가구당 평균 빚이 2012년 기준 5300만 원으로 사상 최고치를 경신했다. '머니푸어'가 양산되는 현상도 과도한 빚과 관련이 깊다. 빚을 진 가구라면 저축보다 빚을 먼저 갚는 게 현명하다. 대출금리가 예금금리보다 적어도 1~2% 포인트 높기 때문이다.

대출금리 갈아타기를 고려해보자. 특히 주택담보대출의 경우 고정금리 대출을 받는 경우가 많은데, 3~4년 전에 대출을 받았다면 현재 꽤 높은 금리를 적용 받을 확률이 높다. 다만 담보대출의 경우 초기비용과 중도상환수수료 등의 부대비용이 존재하므로, 주택매매계획이나 상환스케줄을 고려하여 신중히 결정하는 것이 좋다.

3. 신용카드의 악순환을 끊어라

일을 하고 월급을 받은 다음 지출을 하는 것이 가계살림의 기본 시스템이다. 그러나 요즘 이런 시스템이 정상적으로 작동하는 가계는 별로 없다. 대부분은 일단 지출한 뒤 일을 해서 돈을 갚는다. 일상적으로 빚을 지게 되는 것이다. 모두 신용카드로 인해 비롯된 일이다.

이러한 사이클이 반복되다 보면 소비에 무감각해지고, 결국 돈의 속박으로부터 점점 벗어날 수 없게 된다. 이 악순환의 고리를 끊고 선순환 시스템을 만드는 것이 무엇보다 중요하다.

4. 지름신은 체크카드로 막아라

신용카드의 가장 큰 특징은 일종의 '외상' 거래라는 점이다. '외상이면 소도 잡아먹는다'는 옛말처럼 외상은 과소비, 충동구매를 자극하는 경향이 있다. 되도록 신용카드 대신 체크카드를 사용하라고 권한다. 기본적으로 체크카드는 현금 거래이므로 본인의 경제 수준에 맞는 규모 있는 소비 활동을 할 수 있다. 지출억제 효과로 치면 현금이 최고지만, 휴대의 불편함과 지출내역 관리가 어렵다는 단점이 있다.

혜택 면에서도 신용카드에 뒤지지 않는다. 체크카드의 소득공제율은 30%로 신용카드(20%)에 비해 높다. 또 다양한 할인 혜택들로 무장한 체크카드들도 많으니 연구해볼 만하다.

5. 내 돈이 어떻게 흐르는지 파악하라

대박 투자기법을 찾아 헤매는 사람들과 오랜 시간 면담을 가진 결과, 한 가지 중요한 공통점을 발견했다. 모두 자신의 현금흐름을 제대로 파고들지 않고 있으며 그것이 무엇을 의미하는지 큰 관심을 두지 않는다는 점. 한 개인의 현금흐름을 진지하게 파헤쳐보면 그 가계의 모든 문제점과 가능성이 드러나기 마련이다. 현금흐름 관리가 중요한 이유는 간단하다. 자산 증가를 위해서는 일단 수입이 지출보다 많은 상태를 유지해야 하기 때문이다. 지출이 수입보다 많다면 저축도 투자도 불가능해진다. 수입과 지출을 통제하고 관리하는 것, 즉 현금흐름 관리는 이를 위한 가장 좋은 수단이다. 현금흐름 관리는 다른 무엇보다도 재정상태를 빠르게 개선시킬 수 있는 '황금열쇠'다.

6. 통장을 나눠서 새는 돈을 막아라

현금흐름을 개선하기 위해 가장 많이 활용되는 방법 중 하나가 가계부를 작성하는 것이다. 그러나 매일매일 가계부를 작성하고 관리한다는 것은 그리 쉬운 일이 아니다. 이럴 때 가장 효과적으로 활용할 수 있는 방법이 바로 현금흐름 관리를 시스템화하는 것이다. 몇 개의 통장을 활용해서 현금흐름을 자동화하고 무의식중에도 효율적인 지출관리를 할 수 있는 시스템을 구축해보자. 평소에 크게 신경 쓰지 않고도 새는 돈을 막을 수 있다.

7. 절세 상품을 활용하라

바야흐로 저금리 시대다. 시중은행에 가면 4%대 금리조차 사라진 지 오래다. 이런 때일수록 절세상품에 대한 중요성이 점점 커지기 마련이다. 소득공제 혜택과 비과세 혜택을 잘 활용하는 것이야말로 기대수익률을 높이는 최선의 방법임을 잊지 말자.

8. 수수료 우습게 생각하다 털린다

금융상품을 이용하다 보면 각종 수수료를 떼이게 마련이다. ATM기 수수료, 인출수수료, 이체수수료, 인터넷뱅킹 수수료, 카드수수료, 펀드수수료 등 그 종류도 매우 다양하다. 무심코 지나치기 쉽지만 각종 금융 수수료를 결코 무시해서는 안 된다.

ATM기기 수수료의 경우 1회 이용에 1,000원 가량이 족히 나간다. 일주일에 한 번씩만 이용한다고 해도 1년이면 5만원 가까운 돈이 된다. 펀드의 경우 상품 유형에 따라 수익률보다 수수료가 더 높은, 한마디로 배보다 배꼽이 더 큰 상황이 발생할 수 있다. 수수료(보수 포함)에 특히 더 신경을 써야 한다. 평균적으로 인덱스펀드는 연 1.5%, 액티브펀드는 연 2.5% 정도의 수수료를 낸다.

9. 과다한 보험료 지출을 줄여라

의료비 지출로 인해 빈곤한 삶을 사는 메디푸어(Medi Poor). 정신적, 육체적 고통을 동반한다는 점에서 과도한 의료비 지출로 인한 고통은 다른 지출보다 더욱 질이 나쁘다. 보험이 있다면 메디푸어 신세를 모면할 수 있다는 점에서 보험은 꼭 필요하다. 하지만 다른 한편으로 보험은 재테크의 최대 복병이자 걸림돌이 될 수 있다.

보험은 꼭 필요하지만, 그렇다고 모든 것을 보험으로 해결하려고 과도한 보험에 가입하는 것은 결코 현명한 방법이 아니다.

10. 멘붕은 그만, 행복한 재테크를 하자

자산가치는 폭락하고, 예금금리는 내려가고, 물가는 자꾸 오르고, 월급은 안 오른다. 주변을 둘러보아도 무엇 하나 만만한 게 없고 뉴스에선 흉흉한 이야기들만 흘러나온다. 경기 불황엔 자연스레 소비에 대한 공포가 생기기 마련이다. 그래서 무조건 지갑을 닫아야 한다는 강박에 사로잡히기 쉽다. 때문일까? 많은 사람들이 늘 불행하다고 자탄한다. 하지만 누군가는 그 속에서도 나름의 행복과 희망을 찾기 마련이다.

행복이란 누가 주는 것이 아니라 스스로 찾는 것이다. 행복이란 가만히 있어도 알아서 오는 것이 아니다. 우리가 능동적으로 찾고 느껴야 한다. '부자' 되는 방법과 더불어 '행복'을 찾는 노력을 게을리하지 말자.

등장인물

나재성 | 클로버백화점 팀장. 직장생활 7년차에 접어든 베테랑 샐러리맨으로, 재테크에 관심이 많지만 그 분야에 재주가 없어 스트레스가 심하다. 대학 동창 최진상의 권유로 무리하게 주식투자를 했다가 큰 실패를 맛보기도 했다. 대학 은사 오현명 교수를 만나 성공적인 재테크 비법과 돈 관리법에 대해 배워나간다.

오현명 | 한국대학교 경제학 교수. 재무설계와 투자의 고수다. 백화점에서 나재성과 우연히 마주친 후 옛 제자의 딱한 사정을 듣고 도움의 손길을 내민다. 올바른 투자의 법칙과 돈 관리법을 나재성에게 전수한다.

Money
Poor
Survival
Project

1
누구나 대박을 꿈꾼다

돈이 있으면 재앙이 있다.
그러나 돈이 없으면 최대의 재앙이 온다.
―독일 속담―

MONEY POOR SURVIVAL PROJECT

나재성, 대박을 꿈꾸다

"이 제품은 이쪽으로 옮기고, 요것은 앞에 진열하는 게 보기 좋을 것 같아요."

나재성이 쇼케이스 앞쪽을 가리키자 담당 판매원은 만년필을 들어 앞으로 살짝 밀었다.

"조명이 비추는 곳에 있으니 한결 빛나네요."

이른 아침부터 제3매장 남성잡화 코너에서 어제 입고된 몽블랑 만년필 쇼케이스를 점검하는 중이다. 몇 달 동안의 노력 끝에 유치한 명품 매장의 진열이 어제 끝난 것이다.

"처음에는 매출을 많이 올리지 않아도 좋아요. 이미지 관리에 신경을 써주세요."

갈색 커트머리 판매원이 싱긋 미소를 지었다.

"걱정하지 마세요. 첫날부터 깜짝 놀라게 해드릴게요."

8층 사무실로 올라온 재성은 창밖의 탁 트인 풍경을 바라보았다. 저 멀리 곧게 뻗은 8차선 대로 위를 자동차들이 달리고 있다. 질주하는 차들을 보던 그가 한숨을 내쉬었다. 곧게 뻗은

길을 신나게 달리는 자동차처럼 자신의 인생도 그렇게 달릴 수만 있다면.

지방 대학을 졸업하고 플라자마트 물류센터에 취직을 한 것이 어느덧 7년 전. 마음에 쏙 드는 곳은 아니었지만 그 어렵다는 취업난을 용케 뚫은 것에 만족하며 열심히 일에 매진한 결과 2년 전 이곳 클로버백화점으로 옮길 수 있었다. 덕분에 서울로 올라와 특별시민이 되었고 결혼도 했다. 그런대로 평탄한 순항이었다. 그러나 마음 한켠에는 늘 '무언가가 부족하다' 는 느낌이 가시질 않았다.

그 부족함에서 벗어나기 위해 재성은 몇 가지 계획을 세웠다. 첫 번째는 적은 돈이나마 투자를 해서 자산을 늘린다는 목표였다. 이 사람 저 사람에게 묻고, 인터넷을 뒤지고, 투자가이드에 관한 책을 읽고 나름대로 방침을 세운 뒤 몇 차례 투자를 했다. 결과는 불행히도 모두 '꽝' 이었다. 그나마 액수라도 크지 않은 것이 천만다행이었다. 돈을 잃었다는 것보다 더 가슴 쓰린 것은 '왜 나는 실패만 하는가?' 라는 초라한 자책감이었다.

그런 그에게 행운의 여신이 찾아왔다. 작년 2월 마지막 날이었다. 핸드폰을 통해 들려오는 목소리의 주인공은 증권사에 다니는 대학 동창 최진상이었다.

"재성아, 오랜만이구나. 회사는 잘 다니니?"

"열심히 다니고 있지. 헌데 그다지 재미는 없다."

"그럴 줄 알고 내가 전화를 했지. 이번에 좋은 정보가 하나 있거든. 작전 세력이 붙어서 많은 이익을 내려는 극비 계획인

데…… 한번 투자해보지 않을래?"

"그 계획을 너도 알고 나도 알고 다 아는데 뭐가 극비라는 거냐!"

"나 못 믿냐? 너랑 나랑 함께한 세월이 얼만데……. 그동안 네가 거듭해온 실패를 한 번에 만회할 수 있는 기회야."

"정말 믿을 수 있는 정보야?"

"이번에 타이탄테크라는 회사가 신기술을 발표해. 발표 뒤엔 투자자금이 엄청나게 몰리고 세력들이 개입해서 주가를 끌어올릴 거야."

"정말? 확실해?"

"내가 설마 친구를 속이겠냐?"

진상도 재성을 골탕 먹이려 했던 것은 아니었다. 다만 신기술이 어떻게 만들어졌는지 깊은 내막을 알지 못했던 게 문제였다. 타이탄테크가 새로운 기술을 발표한 것은 사실이었다. 그러나 곧바로 경쟁사에서 소송이 들어왔다. 특허소송에 휘말린 타이탄테크는 신기술을 사용해보지도 못했고 주가는 곤두박질치고 말았다. 재성이 투자한 돈은 휴지조각이 되었다. 알뜰살뜰히 모은 3000만 원과 회사에서 대출 받은 1000만 원이 하루아침에 사라져버린 것이다.

"미안하다. 부디 이해해주라. 고의는 아니었으니."

진상은 이런 문자메시지 하나를 남기고 종적을 감추었다.

한숨을 길게 내뱉은 재성은 책상 위 서류더미로 눈을 돌렸다. 지나간 일을 아무리 후회한들 사라진 4000만 원이 다시 통장에

찍힐 일은 절대 없을 것이었다. 머리끝까지 올라오는 쓰라린 후회와 분노. 그럴 때마다 가장 좋은 처방전은 일에 몰두하는 것이었다.

사무실을 나와 엘리베이터 앞에 섰다.

평일 오전이라 백화점 1층 매장에는 손님들이 많지 않았다. 만년필 코너로 눈길을 돌렸다. 한 신사가 등을 보이고 서 있는 모습이 보였다. 60대 초반으로 보이는 남자는 쇼케이스 위에 두어 자루의 만년필을 놓고 만지작거리는 중이다. 재성이 다가가자 판매원이 살짝 윙크를 지었다. 구매할 것이 확실한 손님이라는 신호였다. 흐뭇하게 손님을 바라보던 재성은 그가 낯설지 않음을 깨달았다.

"오 교수님 아니세요? 안녕하세요!"

"어? 자네는······."

순간 재성의 머릿속에 많은 생각이 한꺼번에 떠올랐다. 그중 하나는 '오랜만에 만난 대학 은사에게 만년필 값을 할인해주어야 하느냐 정가를 받아야 하느냐?'였다. 오 교수라 불린 남자가 반가운 얼굴로 손을 내밀었다.

"나재성 학생 아닌가?"

"맞습니다. 경제학과 97학번 나재성입니다. 저를 기억하고 계실 줄은 몰랐습니다."

"아무리 제자가 많아도 자네처럼 똑똑한 학생을 잊을 수야 없지."

"감사합니다. 그런데 교수님은 어떻게······."

"2년 전에 이 근처의 한국대학으로 자리를 옮겼네. 아가씨, 이 만년필로 포장해주세요."

판매원에게 만년필을 건네준 오 교수가 카드를 꺼냈다.

"교수님. 시간 괜찮으시면 커피라도……."

오 교수는 손목시계를 들여다보며 잠시 망설였다.

"차 한 잔 정도는 괜찮겠군. 그렇게 하세."

재성이 기억하는 오현명 교수는 미국의 자산관리 컨설팅 회사에서 일하다가 50세가 넘어 첫 강의를 시작한 늦깎이 교수였다. 나이 많은 새내기 조교수였지만 풍부한 실무경험에서 우러나오는 높은 내공은 재성의 뇌리에 깊게 남아 있었다. 커피를 한 모금 마신 오 교수가 물었다.

"자네, 학생 때 자신 있게 말하던 목표는 이루었나?"

재성이 쓴웃음을 지었다. 수업 시간에 '내 목표는 돈을 많이 벌어 대부호가 되는 것'이라며 큰소리로 쳤던 기억이 절로 떠올랐다. 하지만 현실은 재테크에 실패해 빚더미에 올라앉은 신세가 되었으니.

"저어, 그게……."

"상황이 녹록치 않은가 보군. 하지만 그리 실망할 필요는 없네. 탄탄한 직장이 있고, 더군다나 아직 젊지 않은가."

재성은 가만히 고개를 끄덕였다.

"오늘은 수업 없으십니까?"

"오후에 있네. 교수 생활을 늦게 시작하다 보니 몇 년 지나지 않았는데 벌써 정년퇴직을 눈앞에 둔 신세지 뭔가."

"은퇴하시면 어떻게 지내실 생각이신지요."

"안 그래도 은퇴 후에 아내와 함께 살 전원주택을 지어서 얼마 전에 이사했다네. 조용하고 한적해서 얼마나 좋은지."

"그렇군요. 축하드립니다."

오 교수의 개인레슨

"교수님. 여기가 제 단골집입니다. 보기엔 누추하지만 맛은 제가 보증합니다."

"겉모습만으로 맛을 평가할 수는 없지. 오히려 이런 모습을 고집하는 자영업자들이 많더군. 이런 곳만 골라 다니는 사람들도 적지 않고."

"맞습니다. 영업한 지 30년이 넘은 원조집이라더군요."

잘 익은 곱창을 안주로 몇 잔의 술이 오간 뒤, 오 교수가 물었다.

"요즘에 무슨 고민이 있나? 처음 만났을 때도 그렇고……. 왠지 큰 걱정이 있는 사람처럼 보이는군."

7년 만의 만남인데도 오 교수는 제자의 마음을 정확히 꿰뚫어보고 있었다.

"실은 얼마 전에 주식에 투자했다가 큰 손해를 봤습니다."

말이 끝나기도 전에 오 교수가 너털웃음을 터뜨렸다.

"누구나 주식을 하면 손해를 본다네. 단지 일부만이 이익을 볼 뿐이지. 그 일부에 들지 않아서 우울한 건가?"

"그렇다기보다, 명색이 경제학과 출신이건만 재테크를 하는 족족 실패니 창피해서요."

"누구에게 창피하다는 말인가?"

"주변 사람들 볼 낯도 없고, 제 스스로에게도 그렇고요."

술잔을 들어 단숨에 비운 재성은 그동안 자신이 밟아온 투자 역사에 대해 줄줄이 늘어놓았다. 거의 대부분 실패의 역사였다. 누군가에게 하소연이라도 해야 우울함과 분노가 풀릴 것 같았다. 내세울 것 없는 무용담은 회사생활의 고달픔, 상사에 대한 분노, 아내에 대한 불만에 이르기까지 한없이 뻗어나갔다. 말없이 듣고 있던 오 교수가 미소를 지으며 고개를 끄덕였다.

"자네에게 약간의 문제가 있군. 그 모든 문제를 한 방에 날려줄 해결사가 있지."

"정말요? 그게 누구죠?"

재성의 눈이 번쩍 뜨였다.

"바로 돈일세."

실망스러웠다. '돈'은 누구나 알고 있는 답안이었다. 지금 재성에게 필요한 것은 '답'이 아니라 그 답을 도출해내는 '방법'이었다.

"에이, 교수님. 그건 저도 압니다. 문제는 돈을 벌 방법이죠."

재성을 물끄러미 바라보던 오 교수가 진지하게 물었다.

"자네는 돈이 왜 필요한 건가?"

"돈이 왜 필요하다니요? 돈은 누구에게나 필요한 것 아닙니까?"

"그렇군. 내가 질문을 잘못했네. 그렇다면 다시 묻지. 자네가 투자에 그렇게 목을 매는 구체적 이유는 무엇인가?"

"그것은……."

이리저리 궁리해보지만 멋진 답이 떠오르지 않았다. 더구나 상대는 경제학과 교수다. 어설픈 답을 했다가는 혼쭐이 날 게 분명했다. 망설이던 재성은 입을 열었다.

"부자가 되고 싶어서입니다."

오 교수가 무릎을 딱 쳤다.

"아주 좋은 목표일세. 모든 사람들의 꿈이라 해도 과언이 아니지. 그렇다면 그 목표를 달성하기 위해 얼마의 돈이 필요할 것 같은가?"

"글쎄요. 구체적으로 생각해본 적은 없어서……. 10억 원 정도면 부자 아닐까요?"

엉겁결에 대답했지만 그 돈만 있으면 부자라 할 수 있을지 확신이 안 섰다. 이왕이면 100억 원을 부를 걸 그랬나?

"10억이라……. 결코 적은 돈은 아니군. 내 친구 이야기를 해볼까? 얼마 전에 강남에 사는 친구를 만났네. 시가 10억 원가량의 아파트에 살고, 강남 땅에 5층짜리 상가 하나를 더 가지고 있는 친구지."

"대단한 부자네요."

"그런데 그 친구가 나를 만나자마자 몹시 투덜거리더군."

"왜요?"

"2년 전에 상가 하나가 매물로 나왔는데 살까 말까 망설이다 결국 사지 않았다더군. 그런데 그 상가가 지금 20%나 올랐다는 거야. 돈 벌 기회를 놓쳤다고 한탄하는 것이었지."

"욕심이 좀 지나친 것 아닌가요? 10억짜리 집에 5층짜리 상가까지 있으면서."

"자네 입장에서는 분통 터질 이야기일지도 모르지. 하지만 그 친구는 자기가 30억 원짜리 아파트를 가지고 있는 사람보다 가난하다고 생각한다네."

"그럴 수도 있겠군요."

"재테크나 투자 정보에 대해 자문을 구하는 사람들에게, 나는 이런 질문을 꼭 던진다네. '돈이 왜 필요한가?' 사람들은 의외의 질문에 당황해서 별의별 허황된 대답을 늘어놓곤 하지. 재미있는 것은 대부분의 사람들이 자네처럼 많은 돈을 벌기를 꿈꾸지만, 정작 '인생을 사는 목적 자체가 돈을 많이 벌기 위해서'라고 대답하는 사람은 거의 없다는 것이네. 행복한 삶을 살기 위해 돈이 필요한 것이지, 돈을 많이 벌었기 때문에 행복한 것은 아니라는 이야기야."

재성이 고개를 끄덕였다.

"돈을 통해 얻을 수 있는 물질적 혜택은 아주 좋은 것이지만, 단지 그것만이 인생의 행복을 결정짓는 전부는 아니라네. 사람들은 고급 차, 엄청난 액수의 예금통장, 호화스러운 주택과 최고 수준의 자녀 교육 등을 원한다네. 그러나 궁극적으로 그들이 원하는 것은 그런 것들을 통해 얻게 될 '심리적 만족' 아닐까?"

"어렵네요."

"심리적 만족을 조금 쉬운 단어로 함축하면 아마도 '행복' 이 되겠지."

"사람들이 부자가 되기 위해 노력하는 궁극적 이유는 돈이나 부 자체가 아니라 결국 행복이라는 말씀이군요. 그렇긴 하죠. 단지 돈을 많이 버는 것이 인생의 목표인 사람은 없을 테니까."

"그럼에도 많은 사람들이 여전히 '부=행복' 이란 등식을 믿고 재테크에 열광하지. 수많은 재테크 관련 책들과 부동산 책들이 불티나게 팔리고 너도나도 재테크에 목을 매지만, 정작 돈을 벌었다는 사람은 없다네. 이것이야말로 불행한 일이 아닐 수 없지."

"저도 그중 한 명입니다."

"너무 자책하진 말게나. 자네는 아직 기회가 많으니까. 얼마 전에 일반인을 상대로 투자와 재테크에 대한 강연을 했거든. 똑순이 주부부터 꽤나 많은 부를 축적한 사업가까지 다양한 계층을 대상으로 한 특별 강좌였어. 강의를 하면서 참석자들에게 재테크 노하우에 대해 물었지. 답변자들은 내 질문을 예상했다는 듯 나름대로 다양하고 유익한 방법들을 소개했는데, 의외로 신선하고 좋은 방안들이 많았다네. 강의 끝 무렵에 다시 '재테크에 성공하셨습니까?' 라고 물었지. 과연 몇 명이나 '그렇다' 라고 대답했을까?"

"절반 정도는 '예' 라고 답하지 않았을까요?"

"틀렸네. 불행히도 단 한 명도 없었어."

"믿을 수 없는데요."

"'돈을 벌긴 했지만, 아직 자신은 부자가 아니기 때문에 재테크에 성공하지 못했다' 라는 이유들이었다네. 그들 중에는 자네가 말했던 부자의 기준보다 훨씬 많은 자산을 가지고 있는 사람도 있었지."

"사람 욕심은 끝이 없다는 이야긴가요?"

"그처럼 거창한 주제를 이야기하려는 건 아니네만, 자네의 말처럼 욕심이 큰 문제인 것은 사실이지. 하워드 휴즈라는 사람 아나?"

재성은 고개를 저었다.

"자네 세대라면 조금 생소할 수 있지. 미국에서는 지금도 전설적인 영화 제작자로 잘 알려져 있는 인물이라네. 1970년대의 스티븐 스필버그로 생각하면 이해하기가 쉬울 거야. 이 사람은 당대 최고의 거부로도 이름을 날렸지. 그런 그가 마지막으로 남긴 말은 한때 미국 사회에서 화제가 되었다네."

"뭐라고 했죠?"

"단 한마디, 'Nothing!'(아무것도 아니다)' 이었네."

"자신의 삶을 부정한다는 이야기인가요?"

"맞아. 그는 엄청난 유산으로 남겼지만 정신질환에 시달리다가 죽는 순간에 자신의 삶을 부정하고 말았다네. 인생의 성공과 행복이 꼭 돈과 비례하지 않는다는 사실을 단적으로 보여준 사례지."

"돈이 없는 삶이 행복한 것도 아니지 않습니까?"

"당연하지. 나는 돈을 경멸하는 사람이 아닐세. 얼마 전 〈뉴욕타임스〉에 '행복을 높이는 방법' 이라는 제목의 기사가 실렸어. 행복해지기 위해서는 많이 웃고, 활동적인 취미를 가지고, 다양한 사람들을 만나라는 조언이었지. 가장 인상 깊었던 구절은 '기본적인 생활이 해결될 정도 이상의 돈은 행복과 비례하지 않는다는 사실을 명심하라' 는 문구였네."

"행복을 위해 많은 돈이 필요한 것은 아니란 말이군요."

"이 말을 반대로 생각해보면 어떨까. 기초적인 경제력이야말로 행복의 필수조건이란 뜻이 되겠지."

재성은 고개를 끄덕였다. 그러나 그것은 일반적인 진리였다. 당장 도움이 되어줄 정보는 아니었다.

"교수님의 강연회에 참석한 사람들이 재테크에 성공하지 못한 이유는 무엇일까요."

"중요한 질문일세. 이제 본론으로 들어갈까?"

오 교수가 술잔을 집어 들었다.

"우선 부자의 기준을 어디에 둬야 하는가라는 고민이 필요해. 자네 기준에 '10억 정도' 면 부자가 될지도 모르겠지만 재벌그룹 회장에게 그건 사소한 숫자에 불과하지. 지금부터 내가 하는 이야기는 그런 소수의 사람들이 아닌 평범한 사람들을 전제로 한다는 점을 알아두게."

"알겠습니다, 교수님."

"사람들이 재테크에 실패하는 가장 큰 원인은 부에 대한 뚜렷한 목표가 없기 때문일세. 세상에 주식이나 부동산에 투자한다는 사람은 많아도 성공했다는 사람은 드물지. 설사 한두 번의 성공을 거두었다 해도 지속적으로 불려나가는 사람은 더더욱 없다네."

"맞아요. 왜 그럴까요?"

"투자의 목표가 분명치 않기 때문이야. 예를 들어 주식에 투자해서 1000만 원으로 1억 원을 만들었다고 해보세. 수익률로 따지면 무려 10배의 이익을 올렸지. 이쯤 되면 자신감이 넘쳐나서는 투자 규모를 늘리고 대출 등을 활용해 무리한 투자에 나서게 마련이지. 자네도 공감하겠지만 투자를 하면서 한 번도 실패하지 않고 매번 성공만 거두기란 불가능하다네. 때문에 한 번 실패를 하면 큰 손실로 이어지지. 이는 명확한 투자 목적과 원칙이 없기 때문에 발생하는 문제들이야."

"이를 해결할 좋은 방법이 있을까요?"

"자신의 원칙을 세우고 원하는 목표를 설정해야 해. 이야말로 실패를 줄일 수 있는 방법일세. 부의 목표를 정할 때도 막연한 목표보다는 수치화한 목표를 세우는 것이 중요하지."

"부를 수치화 할 수 있나요?"

"누군가 부자가 될 수 없는 이유 중의 하나는 그가 만족할 수 있는 부의 총량이 과연 얼마인지 답을 정하지 않았기 때문이네. 재테크의 성공은 상대적 개념이 아니라네. 자신의 만족도와 연결되는 절대적 개념이야. 이 점을 깨닫지 못하면 평생 돈의 노예에서 해방될 수 없어."

"그렇다면 어떻게 해야 하나요?"

"우선 구체적인 재무목표가 필요해. 뚜렷한 목표는 부의 기준을 수치화할 수 있는 유용한 도구가 되지. 인생에서 이루고자 하는 뚜렷한 목표 없이 의욕만 충만하다면 어떻게 되겠는가? 의욕은 넘치지만 방향을 잡지 못하고 헤매다 말겠지."

"속도보다는 방향이 중요하다는 말씀이군요."

"왜 돈이 필요한지, 얼마의 돈이 필요한지, 어느 시기에 필요한지 등을 고려한 명확한 재무목표를 세워야 해. 그래야 좋은 투자계획이 나온다네. 예컨대 어떤 사람이 짧은 시간에 10억 원을 벌었다고 해보세. 대부분의 사람들은 그 사람이 10억을 번 방법에만 관심을 가질 뿐, 그 사람과 자신의 재무 상황이 전혀 다르다는 점은 간과하지. 자기 입장은 전혀 고려하지 않은 채 다른 사람의 투자 방식만 쫓아가니 실패할밖에."

재성 역시 경험자이기에 씁쓸할 따름이었다.

"대박의 환상을 자극하는 무용담은 수도 없이 많네. 하지만 그런 건 특별한 케이스일 뿐 일반적인 사례는 결코 아니야. 그런데도 사람들은 '나에게도 행운이 올 것'이라는 장밋빛 환상에 사로잡혀 마치 로또복권 사듯 투자를 일삼지. 그것은 투자가 아니라 투기일세. 우리나라 투자자들의 금융상품 평균 투자 기간이 얼마인지 알고 있나?"

"2년이 조금 못 되었던 걸로 기억합니다."

"1년 10개월 정도에 불과하지. 그뿐 아닐세. 우리나라 주식 투자자들의 매매회전율은 세계 최고를 자랑하지. 이 같은 문제는 은퇴준비 등 장기 재무목표로 갈수록 더 심각해지지. 연금보험의 경우를 예로 들면, 대표적 노후상품임에도 평균 가입기간은 2.6년에 불과하다는 거야. 노후 문제가 심각한 사회 문제로 대두되고 있건만 사람들은 가입한 뒤 얼마 지나지 않아 해지하고, 또 다시 가입하고, 또 다시 해지하는 어처구니없는 사이클을 반복하고 있지. 이런 식의 단기투자 방식은 문제만 악화시킬 뿐이네."

잠시 말을 멈춘 오 교수가 재성의 빈 잔에 술을 따랐다.

"부자의 길로 가기 위한 필수 요소 중 가장 중요한 것이 무엇인지 아나?"

"글쎄요. 투자기술?"

"꾸준한 노력과 인내심이라네. 사람들이 부자가 되지 못하는 가장 큰 이유는 처음에 계획했던 것을 꾸준히 지키지 못하기 때문이야. 연금보험의 평균 가입기간이 형편없이 짧은 것도 그 때문이지. 뚜렷한 목적의식이 없으면 중도에 실패로 끝날 확률이 많은 법이니까."

이번엔 재성이 오 교수의 빈 잔에 술을 따라주었다.

"콩쥐가 구멍 난 항아리에 물을 채우는 이야기 알지? 목표 없는 투자는 밑 빠진 독에 물 붓기와 똑같아. 불행히도 우리 주변에는 이런 사람들이 많다네. 재테크에 열광하는 이유는 돈으로부터 독립해 마음의 안정과 행복한 인생을 누리기 위함인데, 거꾸로 돈의 노예가 되어가는 사람들이 많지."

"저도 이제부터 밑 빠진 독의 구멍을 막아줄 두꺼비를 찾아야겠군요."

Think!
부란 무엇인가

부자의 사전적 의미는 '재물이 많아 살림이 넉넉한 사람'이다. 부를 바라보는 시선은 사람에 따라 천차만별이다. 88만 원 세대의 부의 기준과 재벌2세의 기준은 다르기 마련이다. 우리가 부자가 되지 못하는 근본적인 이유는 '부자(富者)'라는 추상적인 목표에 기인한다. 막연한 목표를 향해 뛰기 때문에 아무리 열심히 달려도 절대로 성공할 수 없다는 맥락이다. 이는 마치 '밑 빠진 독에 물을 채우는 것'과 흡사하다. 즉, 재테크의 성패는 상대적인 개념이 아니라 자신의 만족도와 결부되는 절대적 개념이라는 것을 깨닫는 것에서 시작해야 한다는 이야기다. 성공적인 재테크를 위해서는 '내가 만족하는 부의 총량이 과연 얼마일까?'라는 고민을 먼저 해야 한다.

투자와 동전던지기

'괜히 쓸데없는 짓을 하는 것 아닐까?'

재성은 차의 시동을 걸면서 고개를 갸웃거렸다. 자신의 행동이 잘된 것인지 아닌지 가늠되지 않았다. 오 교수와 헤어지면서 돈 문제를 해결할 수 있는 좋은 가르침을 달라고 부탁한 게 며칠 전이다. 그리고 어제 오후, 오 교수로부터 뜻밖의 이메일을 받았다. 메일에는 오 교수의 집 약도와 '재테크에 대해 더 자세히 이야기를 나누어보자'는 말까지 덧붙어 있었다.

맑은 3월 햇살을 받으며 교외로 30여 분을 달렸다. 이윽고 도착한 곳은 멋진 전원주택들이 모여 있는 타운하우스 단지였다. 골목 안쪽에 오 교수의 모습이 보였다.

"아침 일찍 오느라 고생했네. 우선 자네와 함께 갈 곳이 있는데."

두 사람이 도착한 곳은 뜻밖에도 경마공원이었다. 아니, 이런 델 왜? 재성은 의아한 눈빛으로 오 교수를 바라보았다.

"주말이면 바람도 쐴 겸 사람 구경도 할 겸 경마공원에 자주 오거든. 우리나라는 경마에 대한 인식이 꽤 안 좋더군. 하지만 무조건 부정적으로 바라볼 필요는 없지. 우리도 저쪽으로 가볼까?"

오 교수를 따라 차에서 내렸다. 저 멀리 작은 트랙이 보이고, 관중석에 많은 사람들이 모여 있었다. 몇 분쯤 기다리자 경주마로 보이는 말들이 차례대로 등장했다. 사람들이 웅성거리기 시작했고, 조용했던 분위기는 순식간에 달아올랐다. 기수에게 이끌려 등장한 말들이 조그마한 트랙을 몇 바퀴 돌더니 이내 사라지기를 반복했다.

"경주에 나올 말들을 선보이는 건가요?"

"그렇다네. 사람들의 반응이 꽤 뜨겁지 않은가? 경마장의 주인공은 여기 나온 말들이라네. 좋은 말을 고르면 이길 확률이 그만큼 높아지니까. 자네도 한번 골라보게나."

"경마라고는 한 번도 해본 적이 없는걸요."

"마음에 드는 말을 골라보라고 했지 경마를 하라고 한 적은 없네."

무안해진 재성이 어깨를 으쓱, 했다.

"좋은 말을 고르는 방법이 있나요?"

"글쎄, 주워들은 풍월로는 가슴 폭이 넓은 말이 폐활량이 우수하고, 머리가 너무 크지 않아야 잘 달린다고들 하더군. 이 정도는 초보자도 알고 있는 사실이니 비법은 아니고."

"그렇군요. 저도 한 마리 골라볼게요."

두 사람은 매표소로 갔다. 전광판에는 복잡한 숫자들이 나열되어 있었다.

"이 숫자들은 무슨 의미인가요?"

"배당률을 표시하는 거야. 확률에 근거해서 산정된 수치가 표시되어 있다네. 저기 7번이라는 숫자 옆에 3이라는 숫자 보이지?"

"예."

"자네가 7번 말에 배팅을 하고 그 녀석이 1등으로 들어오면 3배를 돌려받는다는 뜻이네."

"숫자가 높으면 그만큼 이길 확률이 낮은 녀석이고, 숫자가 낮으면 이길 확률이 높은 녀석이겠군요?"

"이해가 빠르군."

"그 옆의 숫자들은 무슨 뜻이죠?"

"3이라는 숫자는 '단승식'이란 뜻이야. 1등 하나를 맞추는 거지. 그 옆은 '복승식'인데, 순서에 관계없이 1등과 2등 말을 한꺼번에 맞춰야 해. 그 옆은 '쌍승식'이네. 1등과 2등 말을 맞추는 것은 물론 두 녀석의 순서까지 맞춰야 하지."

"1등, 2등을 순서까지? 거의 불가능에 가깝겠는데요."

"그러니 배당률이 훨씬 높지."

과연 쌍승식 배당판에는 50배에서 최고 250배라는 엄청난 배당률이 표시되어 있었다. 반면 단승식 배당판의 숫자는 최대가 10배에 불과했다.

"경마도 철저한 확률게임이군요? 마치 투자의 세계처럼 말이죠. 묘한 긴장감도 흐르고, 주식시장과 비슷한 느낌이 듭니다."

"재미 삼아 하는 것이니 절대 큰 금액은 걸지 말게나."

두 사람은 마권을 구입한 후 경마장이 한눈에 내려다보이는 곳에 자리를 잡았다.

"지금 막 느낀 건데, 경마 마니아들 중에는 전문적인 분석과 연구를 하는 사람들도 꽤 있는 것 같더군요. 수많은 주식 중에서 좋은 상품을 찾기 위해 분석하는 것과 비슷하다는 생각이 들었습니다."

"전문적으로 경마에 뛰어들기라도 하겠다는 건가?"

"그야 아니지만······. 교수님처럼 뛰어난 분석가라면 가능하지 않을까요?"

"글쎄, 난 경마에 투자할 생각은 없네. 그나저나 자네는 몇 번에 걸었나?"

"6번에 걸었습니다. 배당률이 가장 높더군요."

"이런, 자네의 무모한 투자방식은 여전하구만."

재성이 즉각 반박했다.

"경마도 주식과 똑같다고 봅니다. '하이리스크 하이리턴'이죠. 높은 수익을 위해서는 높은 리스크를 감수해야 하잖아요. 어차피 확률게임이라는 측면에서 보면 경마도 똑같은 것 아닌가요?"

"자네 말에도 일리는 있네. 하지만 난 도박이나 복권 같은 것에는 투자할 생각이 전혀 없어."

"왜요?"

"첫째, 내가 잘 알지 못하는 게임에는 참여하지 않는다. 둘째, 도박과 투자는 겉으로는 비슷해 보일지 모르지만 근본적으로 많이 다르다."

"어떤 점이 다르죠?"

"투자, 투기, 도박은 모두 리스크를 수반하는 거래라는 점에서 비슷한 특성을 가지고 있어. 하지만 '리스크와 수익' 이라는 특성을 자세히 살펴보면 차이가 확연하게 드러나지. 첫 번째 차이점은 리스크의 기준이네. 투자 활동은 철저한 분석과 노력에 따라 도박에 비해 리스크를 현저히 줄일 수 있어. 투자의 대가로 잘 알려진 워렌 버핏은 '가치분석과 철저한 기업분석을 통해 우월한 투자자산을 선별하는 것만으로도 리스크를 상당히 줄일 수 있다' 고 주장했지. 물론 현실에서 완벽한 가치분석이란 존재하기 어렵지만 위험 기업과 안전 기업을 선별하는 작업만으로도 리스크를 확연히 줄일 수 있다네. 다시 말해 리스크를 작게 안으면서 고수익을 내는 투자도 가능하다는 이야기지. 이를 위해서는 정확한 가치평가를 할 수 있는 능력을 키우는 일이 무엇보다 중요하네. 하지만 도박은 어떤가? 도박은 대부분 운에 맡겨야 하지."

"경마에서는 승률이나 말의 상태 등을 열심히 분석하잖아요. 그것도 어떤 면에선 리스크를 줄이는 효과가 있는 것 아닌가요?"

"게임 방식에 따라 약간의 분석이 포함되기도 하지. 이를 나름대로 게임의 비법이라고 떠들 수 있겠지만, 불행히도 그것은 어디까지나 본인의 '감'일 확률이 크다네. 그들의 말이 옳다면 경마를 하는 사람들 가운데 큰돈을 번 사람들이 많아야 하겠지. 하지만 현실이 그럴까?"

재성은 고개를 저었다.

"경마를 도박이라 하는 사람은 많지만 투자라 말하는 사람은 없는 이유가 뭐겠나. 분석의 여지가 있다 해도 주식이나 채권처럼 정확성이나 예측 능력에서 비교가 되지 않거든. 또 다른 큰 차이점은 기대수익이네. 투자란 장기적으로 양(+)의 수익을 기대하면서 자금을 투하하는 경제활동이라 할 수 있지. 이에 반해 도박은 음(-)의 수익 또는 기껏해야 0의 기대수익을 가진다는 점일세. 장기 흐름을 살펴보면 부동산, 주식, 채권 등 주요 투자시장의 평균수익률은 지속적인 상승 흐름을 보이고 있지. 지난 200년 동안 미국 주식시장의 평균상승률은 9%를 상회했고, 우리나라의 주식시장 또한 30년 동안 15배 이상 성장했어. 반면 도박의 기대수익은 제로라네. 아무리 오랜 시간 도박에 참여한다 해도 시장 전체의 크기는 늘어나지 않는다는 뜻이네."

"그런 차이가 왜 발생하는 거죠?"

"주식 등을 비롯한 투자상품의 이면에는 도박과는 달리 '기업'이라는 실체가 존재한다네. 기업은 끊임없이 성장을 추구하고, 경제가 성장하면 그와 동시에 기업가치도 성장하지. 이는 곧 주가에 반영되네. 반면 도박의 경우엔 어떨까? 주식과 달리 그 배경에는 아무런 실체가 없네. 도박에 참여한 사람들이 한정된 판돈 내에서 서로 뺏고 빼앗기는 게임을 하는 것에 불과하니까. 내가 남을 밟고 올라서야 살고 상대 역시 내 돈을 빼앗아야 살아남는 일종의 제로섬 게임이란 이야기일세. 결국 시간이 아무리 지나도 시장 전체의 기대수익은 늘어나지 않아. 이뿐만이 아니지. 대부분의 도박에는 반드시 운영자의 수수료가 포함되어 있네. 이른바 카지노마진이라 불리는 것인데 이를 감안하면 오히려 마이너스 성장이지."

"전체 시장이 성장하는가 성장하지 않는가의 차이가 있단 말씀이군요."

"한 가지 더 이야기해줄까? 하이리스크 하이리턴에 대해 생각해보세."

"투자자라면 누구나 알고 있는 기초 상식 아닙니까?"

"자네가 말한 것처럼 투자행위는 '높은 리스크를 보유할 때 높은 기대수익률을 갖는' 특징이 있지. 안전 기업보다는 위험 기업에 투자할 때 그에 대한 대가로 더 많은 수익을 얻을 수 있단 거야. 이게 바로 자네가 언급한 하이리스크 하이리턴의 기본 아닌가."

"맞습니다."

"그렇다면 자네가 이 법칙을 얼마나 정확히 이해하고 있는지 확인해볼까? 예컨대 A와 B의 두 투자 안이 있다고 해보세. 둘 모두 10%의 기대수익률이 있다고 할 때, A가 B보다 리스크가 낮다면 어떤 투자 안을 선택하겠는가?"

"같은 수익이라면 당연히 리스크가 낮은 A를 선택하겠죠."

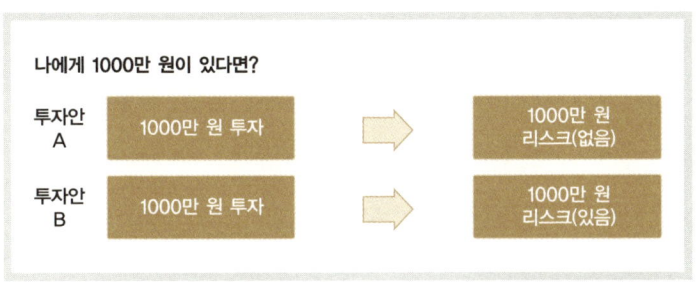

"맞네. 그러면 한 번 더. 이번에는 C라는 투자 안이 있는데 A와 C는 리스크가 같네. A의 기대수익률은 10%인 반면 C의 기대수익률은 5%라면 어떤 것을 선택하겠는가?"

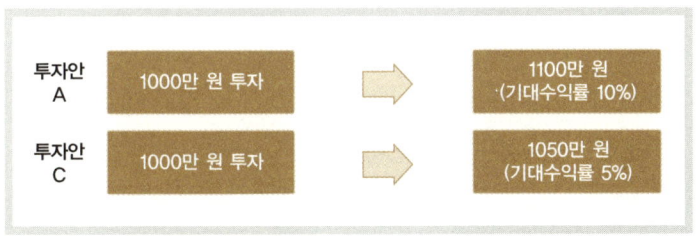

"리스크가 같은 상황이므로 당연히 기대수익률이 높은 A를 선택하지요."

재성의 확신에 찬 어조에 오 교수는 가벼운 미소를 지었다.

"훌륭한 학생이군. 같은 리스크라면 당연히 1%라도 높은 기대수익률을 선택하는 것이 현명하지. 바로 이런 원리를 '투자자산의 지배원칙'이라 한다네. 절대 우위에 있는 투자 안이 그렇지 않은 투자 안을 지배한다는 의미야. 이러한 지배원리로 인해 기대수익률이 높아질수록 리스크도 함께 높아지는 시장 환경이 형성되는 걸세."

"전 그냥 '수익이 높으면 리스크도 높다'라고 단순하게 생각했는데, 그 속에 이런 원리가 숨어 있었군요."

"동전던지기 게임 알지? 동전을 던져 앞면과 뒷면을 맞추는 게임 말일세. 홀수와 짝수를 맞추는 게임도 있고."

"물론이죠."

오 교수는 주머니를 뒤져 동전 하나를 꺼냈다.

"여기 동전이 하나 있네. 나와 동전던지기 게임을 해보세."

"지금요?"

"그래. 어서 돈을 걸게나."

재성은 갑작스런 제안에 당황했지만 오 교수의 표정은 진지했다. 하는 수 없이 지갑을 열어 만 원짜리 한 장을 꺼냈다.

"게임 방식은 두 가지로 정하겠네. 선택권은 자네에게 있어."

"어떤 방식인가요."

"첫 번째, 자네가 만 원을 투자하면 투자금의 10%에 해당하는 천 원을 얻거나 잃는 게임일세. 당연히 이 게임의 기대수익은 10% 또는 −10%가 되겠지. 확률은 각각 50%니까 게임의 평균기대수익은 0이 될 걸세. 그렇지?"

재성은 말없이 고개를 끄덕였다.

"두 번째는 리스크를 대폭 늘려서, 자네가 만 원을 투자해서 이기면 투자금의 100%인 만 원을 추가로 얻고, 반대로 지면 만 원을 모두 잃는 게임일세. 이 게임의 기대수익은 얼마지?"

"100% 아니면 -100%가 되겠네요."

"맞았네. 투자에서 말하는 리스크를 또 다른 말로 변동성이라고도 하지. 즉 변동성이 커졌다는 것은 리스크 역시 높아졌다는 것을 의미하네. 이러한 기준에서 두 번째 게임은 리스크의 기준이 되는 변동성(표준편차)의 크기가 10배 늘었지?"

"그렇군요. 변동폭이 10%에서 100%로 커졌으니."

"도박에도 하이리스크 하이리턴의 원리를 적용해볼까? 리스크의 크기가 10배나 증가했으니 당연히 기대수익 또한 10배까지는 아니더라도 최소한 첫 번째 게임보다는 높아져야 맞겠지?"

"그렇겠지요."

"그런데 보게나. 게임의 리스크는 10배로 늘어났지만 기대수익은 어떤가?"

"이런! 평균 기대수익은 여전히 제로군요!"

재성이 고개를 끄덕였다.

"그렇다네. 더 높은 리스크에 투자함으로써 얻을 수 있는 추가 이익을 '리스크 프리미엄'이라 하지. 쉽게 말해 리스크에 대한 보상이라고 정의할 수 있네. 하지만 도박의 재미있는 특징 중 하나는 이러한 리스크가 상당 부분 늘어나도 기대수익의 크기는 변하지 않는다는 점이야. 겉으로는 비슷해 보일지 모르지만 도박에 하이리스크 하이리턴의 법칙은 존재하지 않는다는 뜻이지."

오 교수가 말을 이었다.

"그렇다면 투기는 어떨까?"

"투기라면 양(+)의 수익을 기대하는 투자시장에 배팅한다는 점에서는 투자와 동일하지요. 그 외에는 도박과 비슷하지 않을까요?"

"정확히 맞췄네. 투기는 제로섬 게임인 도박판 대신 주식시장과 자산시장에 투자를 하므로 양(+)의 수익을 기대하는 경제활동이란 점에서 투자와 비슷하지. 그러나 그 배후에 가려진 리스크는 등한시한 채 감에 의존해 투자하는 행동은 도박과 다를 바 없어. 고수익에 눈이 멀어 위험 자산에 이른바 '몰빵투자'를 하거나 '묻지마투자'를 일삼는 것 등이 투기의 대표적 전형이지. 많은 사람들이 이처럼 도박하듯 투자를 한다네."

"저도 투자한답시고 실제로는 투기를 일삼았던 것 같아요."

장내 분위기가 갑자기 술렁이기 시작했다.

투자와 도박의 차이

① 투자는 장기적으로 양(+)의 수익을 기대하면서 자금을 투하하는 경제 활동을 의미한다.
② 투자행위는 리스크를 줄이거나 관리할 수 있다.
③ 투자행위는 리스크가 늘어나면 기대수익률도 늘어나는 상관관계를 가진다.

"경기가 시작되나 보군."

오 교수가 트랙을 바라보며 말했다. 이내 총성과 함께 경기가 시작되었다. 숨 막히는 경주였다. 사람들은 마권과 트랙을 번갈아 보면서 흥분을 감추지 못했다. 아주 잠깐의 시간 동안, 넓은 관중석에는 탄성과 환호가 뒤섞였다. 결국 3번 말과 1번 말이 1, 2위를 차지하며 첫 경주가 끝났다. 오 교수는 무표정했다. 재성이 투덜거렸다.

"전 꽝이네요."

"난 하나 맞았군."

"몇 배인가요?"

"4배일세. 1번, 5번, 7번 이렇게 세 녀석에게 1000원씩 배팅했으니 1000원 이익인 셈이군. 3000원 투자해서 4000원을 받으면."

"겨우 1000원이요?"

"나는 그저 재미를 즐길 뿐이야. 다 잃었다 해도 3000원 이상의 즐거움을 누렸으니 전혀 아깝지 않네."

재성은 3만 원을 걸었다가 모두 잃고 말았다. 높은 배당률에 현혹되어 확률이 매우 낮은 쌍승식 마권에 집중 배팅한 것이 결정적 패인이었다. 처음 배팅할 때만 해도 이 정도 금액이면 잃어도 괜찮다고 생각했지만, 막상 3만 원을 잃고 나자 후회가 밀려왔다.

Think!
로또의 경제학

환급률이 50%라면 1000원에 산 복권은 사실 500원의 가치밖에 없는 상품이다. 즉 1000원을 주고 500원짜리 물건을 사는 것과 같다.

45개의 숫자 가운데 6개의 숫자를 맞출 확률은 814만 5060분의 1이다. 로또에 당첨되는 가장 확실한 방법은 814만 5060장을 사는 것이다. 즉 81억 4506만 원을 투자해 대략 20억 원을 받는 것.

로또의 환급률은 판매금액의 50%다. 판매금액의 14%는 운영비, 36%는 공익기금으로 배분된다. 1000원짜리 로또 1장을 사면 500원을 운영비와 공익기금으로 쓰고 500원이 당첨금으로 지급된다는 이야기다. 또 복권 당첨자는 세금을 내야 한다. 22%(3억 원을 초과하면 33%)의 세금을 내면 현실적인 기대값은 390원으로 쪼그라든다. 남는 게 없는 장사다.

여윳돈이라는 착각에 빠지다

경마장을 벗어난 두 사람은 플라타너스가 가지런히 서 있는 산책로를 따라 걸었다. 다소 쌀쌀한 아침 공기와 달리, 정오를 넘어서니 어느덧 봄 햇살이 따사롭게 느껴졌다.

"오늘 여러 가지를 깨달았어요."

"무언가를 깨달았다니 헛된 발걸음은 아니었군."

"그런데 여쭐 말씀이 있어요. 도박처럼 무조건적인 고수익을 추구하는 행위는 위험하다고 말씀하셨잖아요. 그렇다면 대체 어떻게 해야 성공적인 투자를 할 수 있는 거죠?"

"투자의 정답을 알려달라는 질문이군."

오 교수는 걸음을 멈추고 아름드리 플라타너스 아래의 벤치에 앉았다.

"일전에 투자자산의 지배원리에 대해 설명했던 거 기억하나?"

"동일한 조건이라면 리스크는 낮을수록, 수익률은 높을수록 좋은 투자자산이라고 말씀하셨죠."

"정확히 기억하고 있군. 이제 마지막 질문을 해볼까? 조금 어려운 질문인데."

"긴장되는군요."

"A와 B 두 가지 투자 안이 있다고 가정해보세. A 안은 기대수익률이 10%인 반면 리스크를 동반하고 있네. 반면 B 안은 기대수익률이 5%인 대신 리스크가 없어. 어떤 투자 안을 선택하는 것이 현명할까?"

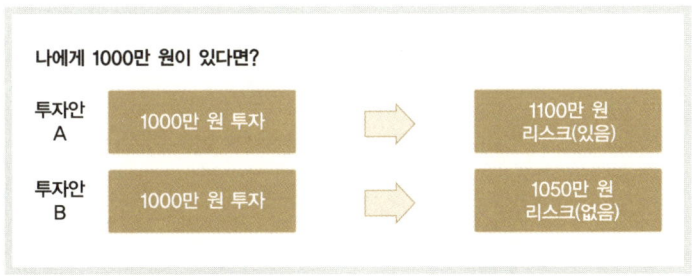

"……정말 어려운데요?"

재성이 난감을 표정을 짓자 오 교수는 예상했다는 듯 빙긋 웃었다.

"A 안이 끌리긴 하지만, 음, 무조건적인 고수익을 쫓는 것은 바람직하지 않다고 하셨으니 B 안에 한 표를 던지겠습니다."

"논리적인 답변이긴 하지만 불행히도 정답은 아니네."

"그럼 A 안이 정답이란 말씀인가요?"

"그것도 아닐세. 이 문제에는 정답이 없어. 두 투자 안은 전제가 전혀 다르기 때문에 객관적인 비교가 의미 없다는 뜻일세. 예를 들어 주식시세가 10%만 떨어져도 밤새 잠을 못 이루는 사람이 코스닥 작전주에 거금을 투자했다면, 그 결과가 좋든 나쁘든 그는 투자 기간 내내 엄청난 스트레스에 시달리게 되겠지. 또는 당장 몇 개월 뒤에 전세금을 올려줘야 하는 자금이 있다면 변동성이 큰 투자 안보다 안정적인 투자 안이 현명한 선택이 되겠지. 결국 자신의 성향이나 처한 상황에 따라 답은 얼마든지 달라질 수 있다는 거야. 정답이 없는 거지."

"절대 진리는 없다는 말씀이군요."

"그런 셈이지. 그럼에도 대부분의 사람들은 이러한 상황에서 애써 정답을 찾으려 하지. 재테크에 정답이 있을 것이라고 착각하고 무조건 고수익을 낼 수 있는 재테크에 열광하는 거야. 누군가 큰 성공이라도 거두었다면 묻지도 따지지도 않고 투기를 감행하는 것도 이와 같은 맥락이지."

"교수님께서 생각하는 좋은 재테크란 무엇인가요?"

"좋은 재테크를 위해서는 최대의 관점이 아니라 내게 맞는 최적의 관점으로 접근해야 하네. 내 상황에 딱 맞는 투자 안이 가장 좋은 재테크라는 뜻이야. 수백만 원을 호가하는 명품 옷이라 해도 사이즈가 맞지 않는다면 나에게 좋은 옷이라 할 수 없잖은가."

"제게 맞는 재테크를 하려면 무엇을 어떻게 해야 할까요?"

"장기적이고 구체적인 투자 전략을 짜도록 하게."

"일종의 투자 방법을 말씀하시는 건가요?"

"투자 방법과는 조금 달라. 투자전략이란 재무목표, 투자 기간, 투자자의 재무 상태와 성향까지 고려한 종합적인 투자 방법을 말하지. 전쟁터에 나가는 군인의 교전지침서 같은 것이라고나 할까. 장기투자일수록 이 같은 투자전략의 가치는 훨씬 더 높아지네. 좋은 투자전략이 있는 사람과 없는 사람은 시간이 지날수록 큰 차이를 보이게 마련이지."

"투자전략을 마련하기 위해 가장 먼저 무얼 해야 하나요?"

"재무목표를 정하는 일이 가장 우선이 되어야겠지. 어떤 일이든 목적지가 있어야 항로를 잡고, 소요 기간, 그에 따른 필요 물품과 식량 등을 준비할 게 아닌가."

"전에 말씀하신 것처럼, 돈이 필요한 진짜 이유와 목적을 세우라는 뜻이군요."

"시작이 반이라 하지 않던가? 정확하고 실현 가능한 재무목표를 설정할 수 있다면 그것만으로도 이미 투자전략의 반은 성공한 것이나 다름없네."

"하지만 재무목표에 대해서는 막연한 느낌이 듭니다."

"재무목표라 하니까 거창하게 생각하는 사람들이 있는데 사실 별다를 게 없다네. 내 집 마련하고, 차 사고, 자녀 낳아 교육시키고, 결혼시켜 독립시키는 일 등이 다 해당되지. 다만 재무목표는 투자계획 수립을 전제로 해야 해. 진급을 한다거나 외국어를 마스터한다거나 등의 일반적 목표와는 구분되어야 하는 거야."

"목돈이 필요한 삶의 이벤트들이 재무목표가 될 수 있겠군요."

"맞아. 여러 가지 재무목표 중에서, 인생을 살아가면서 미리 준비하지 않으면 안 되는 사건들은 크게 세 가지 범주로 나눌 수 있지. 내 집 마련 또는 집 넓히기, 자녀교육 및 결혼, 노후대비가 그걸세. 투자전략의 기본 역시 이러한 '내 집 마련', '자녀교육 및 결혼', '노후 생활자금'처럼 명확한 재무목표를 정한 다음 돈에 꼬리표를 달아서 각각의 바구니에 차곡차곡 담는 것이라 할 수 있다네."

> **인생에 있어 중요한 재무목표**
> ❶ 내 집 마련하기(혹은 집 넓히기)
> ❷ 자녀 교육 및 독립(결혼) 자금 마련하기
> ❸ 나의 노후(은퇴 준비) 대비하기

"수십 년 뒤에 다가올 은퇴를 벌써부터 준비해야 하나요? 지금 당장 내 집 마련도 빠듯한 게 현실인데."

"눈앞에 직면한 문제 위주로 풀어가는 단기투자방식이 무조건 틀렸다는 말은 아니야. 하지만 눈여겨보아야 할 점은, 대부분의 심각한 재무 문제들이 주로 인생의 후반기에 발생한다는 사실이지."

"인생 후반기요?"

"그렇다네. 우리네 현실을 한번 살펴볼까? 대부분의 사람들이 내 집 마련에 경제활동기의 절반을 소비한다네. 자녀를 낳아 교육시키고 독립시키는 일에 나머지 절반을 소비하지. 마치 미래는 없는 사람들처럼 경쟁하듯 사교육 열풍에 동참하고, 최소한의 지출을 빼고는 자녀교육에 올인하는 거야. 다행히 자녀가 독립하기 전까지 계속적인 수입이 발생하기 때문에 그럭저럭 버텨내긴 하지만."

"우리나라의 사교육비와 엄청난 부동산 가격은 정말 문제죠."

"정작 문제는 그다음에 발생하지. 이렇게 모든 힘을 다 쏟고 나서 이제 한숨 좀 돌리겠구나 생각하지만 실상은 정반대인 경우가 많거든. 그나마 남은 자산이라고 현재 살고 있는 집 한 채가 전부인 경우가 다반사야. 그것마저도 대출에 묶여 있는 경우가 대부분이고. 사람들은 그제야 인생의 절반이 여전히 남아 있다는 사실을 깨닫지만 그때는 이미 늦었다고 할 수 있지. 자네 같은 젊은이는 아직 체감 못하겠지만 내 또래의 나이든 사람들 중에는 이런 고민을 하는 사람들이 꽤 많다네."

"인생이 시험이라면, 눈앞의 어려운 문제를 한 문제 한 문제 푸는 데만 급급해 온 힘을 쏟다가 마지막에는 전체적인 시간 관리를 못해 시험을 망치는 격이겠군요."

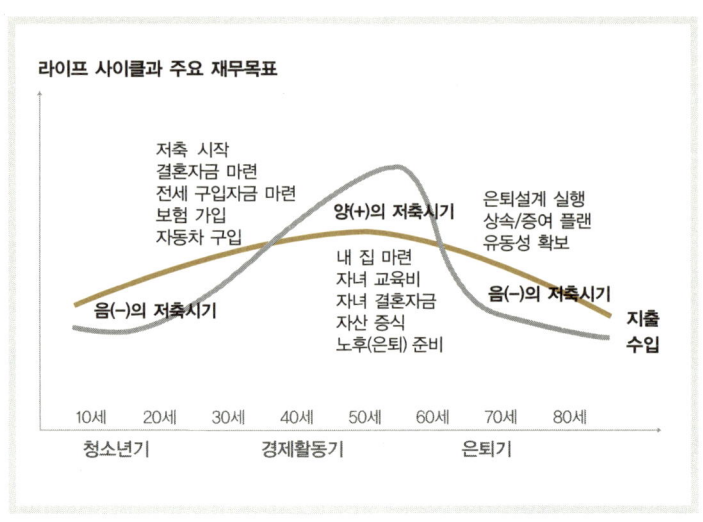

"좋은 비유군. 쓰고 넘칠 만큼 돈이 있는 사람이라면 사실 재테크에 큰 의미가 없겠지. 하지만 1%가 아닌 99%에 속하는 평범한 직장인이라면 내 집 마련하고, 대출금 다 갚고, 자녀 결혼시켜 독립까지 시킨 후 노후문제까지 해결하기란 결코 쉬운 일이 아닐 거야. 세상 누구나 꿈꾸는 것 중 하나가 바로 '돈 걱정 없이 사는 것' 아닐까? 물론 돈이 인생의 전부는 아니지만 풍요로운 인생을 살아가는 데 유용한 도구임에는 틀림없는 사실이니까. 그러니 우리에게는 선택과 집중이 필요하다네."

"그렇군요."

"당장 들어갈 돈 이외의 돈은 '여윳돈'이라 생각하는 잘못된 인식 또한 버려야 해."

"왜 그렇지요?"

"간단히 생각해보세. 빚 다 갚고, 자녀 교육시키고, 노후 준비까지 100% 해결할 수 있는 돈을 마련해놓은 사람이 과연 몇이나 될까?"

"글쎄요, 적어도 20%는 되지 않을까요?"

"안타깝게도 내가 만난 사람들 중 채 1%가 되지 않는다네."

"정말이요? 너무 적지 않은가요?"

"문제는 상황이 이러함에도 '여윳돈으로 투자한다', '여윳돈이 생겼는데 차를 바꿀까 한다' 고 말하는 사람들이 적지 않다는

Think!
3%＞97%, 성공과 실패의 차이

하버드대학 교육위원회에서 흥미로운 연구를 진행했다. 삶의 목표를 글로 적어 구체화하는 것이 목표 실현에 어느 정도 영향을 미치는지를 알아보기 위한 연구였다. 학생들에게 주어진 과제는 '자신의 삶의 목표를 글로 기술하라' 는 것이었다. 놀랍게도 삶의 목표를 글로 구체화시켜 정리한 학생은 3%에 불과했다.

22년이 지난 후 실험에 참여했던 학생들의 자산 총액을 조사했다. 구체적인 목표를 적어냈던 3% 학생들의 자산 총액은 나머지 학생들에 비해 훨씬 더 많았다. 심지어 3% 학생들의 자산 총액의 합이 나머지 97% 학생들의 자산 총액의 합보다도 많았다.

에드워드 밴필드 교수는 '시간지평' 이라는 연구에서 '성공한 사람과 실패한 사람의 차이는 자신의 인생설계를 얼마나 긴 시간까지 고려하느냐에 달렸다' 고 주장했다. 연구 결과, 성공한 사람일수록 시간지평이 평균치보다 훨씬 긴 것으로 나타났다.

점이지. 내가 하고 싶은 말은 '과연 그 돈이 진정한 여윳돈일까?' 라는 고민을 진지하게 할 필요가 있다는 것일세."

"저 역시도 그렇습니다. 주식투자하면서 여윳돈으로 투자하는 것이라고 저 자신을 위로했는데……."

"너무 자책 말게. 대부분의 사람들이 그렇게 생각하고 행동하니까. 지금부터라도 명심하라고. 여윳돈이라 착각하고 있을 뿐 실제로 여윳돈이란 존재하지 않음을."

재성은 말없이 고개를 끄덕였다.

LESSON 1

돈 관리 전에 생각해야 할 것들

1. 노후자금 준비

저출산, 고령화와 더불어 가장 큰 사회적 문제로 떠오르고 있는 것이 노후자금 마련이다. 세계적으로 악명 높은 부동산 가격과 치명적인 사교육비 등의 문제로 대한민국 국민 대다수는 이른바 '오버페이스' 상황이다. 이러한 현실에도 불구하고 평균수명의 증가로 은퇴 후 기간은 점점 길어지고 있으며, 반대로 정년은 점점 짧아지고 있다. 가장 오랜 준비기간과 가장 많은 준비자금을 필요로 한다는 점에서 시급한 문제라 할 수 있다.

2. 자녀교육비 마련

우리나라에서 1순위 지출 항목은 단연 자녀교육비다. 노후준비의 필요성을 누구나 공감하고 있지만 항상 뒷전으로 밀리는 대표적인 이유는 자녀교육비 때문이다. 교육비가 많이 들어가는 시기는 금방 닥치기 때문에 장기적인 관점에서 준비해야 한다.

3. 효율적인 투자관리

장기투자 시 지속적인 수익률 달성을 위해 필요한 것은 리스크 관리와 투자전략이다. 경제적으로 자유로운 삶을 살아간다는 것과 무조건적으로 부를 늘려가는 것은 엄연히 다르다. 장기투자로 갈수록 포괄적이고 체계적인 투자전략이 필수다. 리스크 관리를 포함한 장기적인 관점에서의 투자전략을 '전략적 자산배분'이라 한다. 보통 재테크를 시작하는 시점부터 남은 수명이 최소 30년 이상임을 감안하면 투자 수익의 평균회귀를 고려해야 한다. 그러므로 재테크를 시작하는 시점부터 장기투자를 염두에 두고 평균수익률을 높이는 방안을 강구해야 한다.

4. 보험을 통한 적절한 리스크 관리

기나긴 인생을 살아가다 보면 예기치 못한 다양한 리스크에 노출되기 마련이다. 리스크에 대비하기 위해 사람들은 보험에 가입한다. 그러나 보험에 제대로 가입한 경우는 많지 않은 것이 현실이다. 잘못된 보험 가입은 제대로 된 보장을 받을 수 없을 뿐 아니라 제대로 사용되어야 할 투자재원을 낭비한다는 기회비용

측면에서도 매우 큰 문제다.

5. 현명한 부채관리

대한민국의 일반적 정서를 감안할 때 빚을 무조건 나쁜 것으로 보는 경향이 있다. 물론 기본적으로 부채는 부정적 영향을 끼치는 요소임에 틀림없지만, 부채를 잘 관리하는 것 역시 또 다른 재테크 수단임을 간과해선 안 된다.

6. 효율적인 절세

돈이 있는 곳에는 반드시 세금이 있다. 효율성의 극대화라는 측면에서 개인의 재무 상황에 따라 적절한 절세 방안을 세우는 것 역시 유용한 투자 대안이 될 수 있다.

7. 상속 및 사업 승계

모든 일이 그러하듯 끝맺음의 중요성은 두말할 필요가 없다. 상속문제를 제대로 고려하지 않고 방치하다가는 평생 어렵게 일군 재산의 대부분을 허무하게 날리거나 자신이 원하지 않는 방향으로의 상속이 이루어질 수 있다. 그러므로 합리적인 상속 계획을 세워야 한다.

Money
Poor
Survival
Project

2
꼬리에 꼬리를 무는 빚, 빚, 빚

돈을 잘 쓰는 사람은 인생의 승리자가 되고,
그렇지 못한 사람은 패배자가 된다.
―그라쿠스―

MONEY POOR SURVIVAL PROJECT

빛 좋은 개살구

대기업 임원으로 일하다 3년 전 조기퇴직을 한 나중연 씨. 퇴직 후 첫 1년은 꽤나 즐거웠다. 그간 못했던 여행도 다니고, 바빠서 못 보던 친구들과 만나 골프도 치면서 의미 있는 시간을 보냈다. 하지만 그것도 잠시였다. 생각했던 것보다 훨씬 빨리 재무 상태가 리스크 신호를 보내온 것이다. 그래서 그런지 요즘 들어 그의 얼굴에는 근심이 가득하다.

겉보기에는 큰 문제가 없어 보이는 그였다. 비록 강남은 아니지만 시가 6억 원의 40평대 아파트에 살고 있고, 명예퇴직 때 받은 위로금과 약간의 금융자산을 합쳐 1억 원의 현금자산도 있었다. 하지만 겉으로 보이는 모습과는 달리, 그는 요즘 고민이 많다. 조기퇴직으로 수입은 끊겼지만 생활수준은 이전과 크게 달라진 것이 없기 때문이다.

생활비와 차량유지비, 늘어만 가는 경조사비, 여기에 각종 공과금 등을 합치면 한 달에 최소 200만 원은 필요했다. 그뿐 아니다. 4년 전 지금의 아파트로 이사하기 위해 차입한 2억 원의 주택담보대출금이 여전히 남아 있고, 이자 상환 비용으로만 한 달에 150만 원이 추가로 지출되고 있다. 급여가 매달 꾸준히 들어올 때엔 전혀 문제가 없었지만 막상 수입이 끊기자 매월 400만 원 가까운 지출은 엄청난 부담으로 다가왔다.

어디부터 잘못된 것인지 알 수 없었다. 30대의 그는 잘나가는 대기업 직원이었다. 누구나 그렇듯 할부로 차를 사고, 씀씀이도 시원시원해서 호탕하다는 말도 자주 들었다. 아이가 태어났고, 내 집 마련의 필요성을 느껴 이리저리 궁리하다가 '어차피 내가 살 집인데 큰 집이 낫겠지' 하는 생각에 무리해서 대출을 받았다. 수입의 상당 부분을 대출금 갚느라 어려움이 많았지만 집값은 꾸준히 올랐고, 따로 저축을 하지 않아도 집이 재테크라는 생각이 들었다. 그러나 금방 갚을 수 있을 것 같던 대출금은 쉽게 줄어들지 않았다. 아이들 크면서 늘어난 교육비가 문제였다. 남들에게 뒤지지 않기 위해 학원도 보내고 과외도 시키고 무리를 해서 조기유학도 보냈다. 2년 동안 기러기아빠 생활까지 겪었다.

40대가 되었을 때 IMF가 왔으나 무사히 넘겼고, 다행인지 불행인지 퇴직금을 중간에 정산해서 급한 불도 끄는 등 나름의 여유도 생겼다. 차도 고급 중형으로 바꾸는 등 생활수준도 높아졌다. 그러나 첫 아이가 대학에 들어가면서부터 교육비 지출이 큰 부담이 되었다. 둘째까지 대학에 들어가자 두 아이 학비를 대기 위해 은행 빚을 지지 않을 수 없었다. 그리고 4년 전, 2억 원의 대출을 받아 드디어 꿈에 그리던 40평대 아파트를 구입했다.

문제는 3년 전 조기퇴직을 하면서부터 시작되었다. 대기업

임원이었지만 2009년 미국발 금융위기의 한파로 명예퇴직을 당한 것이었다. 자식이 대학을 졸업하면 덕 좀 볼까 했지만 현실은 녹록치 않았다. 올인하듯 키운 첫째는 '청년실업 100만 시대'라는 시대적 흐름에 발맞춰 2년째 취업준비생으로 살아가고 있다. 아버지와 아들이 사이좋게 '백수부자(父子)'가 되어버리고 만 것이다.

퇴직 3년 만에 통장 잔고는 절반가량 사라져버렸고, 아직 50대 중반에 불과하건만 퇴직금은 온데간데없었다. 이럴 줄 알았으면 잘나갈 때 연금이라도 한두개 들어둘 걸 싶지만 이제 와서 후회한들 어쩌랴. 집을 줄이면 여유가 조금 생기지 않을까 고민했으나 구입가에서 1억 원이나 떨어진 시세를 보고 있노라면 그마저도 쉽지 않았다. '대출금도 갚아야 하고 몇 년 있으면 두 아들 전셋값도 마련해줘야 할 텐데' 생각하면 한숨이 절로 나왔다.

아침 10시. 재성은 매장에서 상품의 진열 상태를 점검하는 중이었다. 누군가 뒤에서 어깨를 두드렸다. 돌아보니 작은아버지 나중연이 서 있었다.
"아, 작은아버지."
"오랜만이구나."
"어떻게 여길?"
"겸사겸사 왔다."
"그동안 잘 지내셨지요?"

"늘 그렇지 뭐."

"하긴 작은아버지가 무슨 걱정이 있겠어요. 넓은 집에, 자동차에, 애들도 다 학교 졸업하고……."

"말은 좋구나."

중연은 한숨을 내뱉었다.

"왜요. 무슨 걱정이라도 있으세요?"

식은 커피 한 모금을 마신 중연이 천천히 이야기를 꺼냈다. 두서없는 이야기였으나 요지는 하나, '돈 문제로 근심이 떠나지 않는다'는 것이었다. 한때 잘나가던 작은아버지의 축 처진 어깨가 안타까웠다. 그러나 재성이 해줄 수 있는 것은 고개를 끄덕이며 이야기를 들어주는 것뿐이었다. 그 시간마저도 넉넉하게 낼 수가 없었다.

"전 이만 일하러 가야 해서요. 조금만 기다리셨다가 점심이라도 같이 하시죠."

"다음에 먹자꾸나. 근처에서 친구 만나기로 했다."

백화점 건물 밖까지 따라 나와 중연을 배웅했다. 3월의 햇살은 화창하건만 어깨를 축 늘어뜨리고 걷는 작은아버지의 뒷모습은 왠지 쓸쓸했다. 한때는 참 당당하고 멋진 분이었는데.

숫자야, 안녕

몇 달 만에 다시 찾은 오현명 교수의 타운하우스. 주변 풍광

이 무척 아름다웠다. 집안 인테리어도 화려하진 않지만 고풍스러운 멋이 넘쳐났다. 저녁식사를 마친 두 사람은 텃밭 겸 작은 정원이 보이는 거실에 마주 앉았다.

"집이 정말 아름답습니다."

"고맙네. 그간 어떻게 지냈나?"

"교수님의 가르침을 몸에 익히려고 노력하며 지냈습니다."

재성은 잠깐 망설이다가 작은아버지 나중연의 이야기를 꺼냈다.

"얼마 전에 작은아버지를 만났는데……. 몇 년 전에 명예퇴직을 하셨거든요. 저는 작은아버지가 저보다 훨씬 더 잘산다고 생각했는데, 실제로는 그렇지 않아 깜짝 놀랐습니다. 지난번에 교수님께서 말씀하셨던 상황과 딱 맞아떨어져 다시 한 번 놀라기도 했고요."

"나이가 어떻게 되셨지?"

"56세입니다."

"56세면 전형적 베이비부머군. 나처럼."

"베이비부머요?"

"한국전쟁 이후 사회적 혼란이 끝나면서 우리나라 출산율이 급격히 늘어났다네. 그 시절 고출산 시대에 태어난 계층을 베이비부머라 하지. 자네 작은아버지의 이야기는 지금 은퇴를 맞는 대한민국 대부분 베이비붐 세대들의 이야기이기도 할 거야."

"남의 일 같지 않다는 생각이 들더군요."

"그럴 거야. 작은아버지의 모습은 치열한 삶을 살아온 사람들의 현재이기도 하지만 인생 계획에 대한 심각한 고민 없이 살아가는 사람들의 미래일 수도 있으니까."

"……."

"혹시 바둑 둘 줄 아나?"

"조금요. 그저 둘 줄 아는 정도입니다."

"긴장하지 말게. 바둑 두자는 말은 안 할 테니까. 바둑을 흔히 인생의 축소판이라 하지. 그래서 바둑 세계에는 삶의 자세를 가르쳐주는 훌륭한 격언들이 많다네. '지피지기 만고불역(知彼知己 萬古不易)'이라는 말이 그중 하나지."

"상대를 알고 나를 알면 백전백승, 상대도 모르고 나도 모르면 백전백패라는 뜻이죠?"

오 교수가 고개를 끄덕였다.

"나의 상태를 아는 것은 절반의 성공이나 다름없네. 또 성공적인 인생 설계의 첫 단추를 잘 꿰는 것이야말로 모든 계획의 성패를 좌우하는 열쇠라 할 수 있지. 우리가 몸이 아프면 어떻게 하나?"

"병원에 가지요."

"병원에 가면 의사가 가장 먼저 하는 질문이 뭐지?"

"어디가 아파서 왔느냐, 어떻게 아프냐……."

"그때 어떻게 대답하지?"

"저의 몸 상태에 대해 설명하죠. 예를 들어 '열이 난다' 거나 '가슴이 답답하다' 거나."

"바로 그거야. 어떤 진단을 내리려면 현재 상태를 아는 것이 필수지. 투자 역시 마찬가지야. 지금부터 자네가 가장 먼저 해야 할 일은 자신의 현재 재무 상태를 정확히 파악하는 것이라네. 재무적으로 문제가 있는지를 진단하려면 그 전에 현재 자신의 재무 상태부터 정확히 알아야 하니까."

"구체적으로 무엇을 하면 될까요?"

"우선 자네만의 재무상태표를 만들어보게."

재성은 난감한 표정을 지었다.

"기업회계에서 쓰는 대차대조표의 개인 버전이라 생각하면 쉽겠군. 우리는 회계가 무조건 어렵고 고리타분해서 기업에서나 쓰는 것일 뿐 나와는 전혀 관계없다고 치부하는 경향이 있어. 그러나 부자가 되기 위해서는 숫자와 친해지고 회계적인 사고 습관을 들여야 하네."

"알겠습니다."

"우선 재무상태표부터 설명해볼까? 재무상태표란 기업회계로 따져서 일종의 대차대조표와 같은 역할을 하지. 총자산과 총부채, 다시 말해 총자산에서 부채를 차감한 순자산의 크기를 한눈에 볼 수 있기 때문에 현재 내 자산의 구성과 전체 상태를 확인할 수 있는 장점이 있어. 반면 현금흐름표는 일정 기간 동안의 돈의 흐름을 한눈에 확인할 수 있는 특징이 있다네. 예컨대 저축은 잘하고 있는지, 지출 수준은 적절한지 등 예산을 수립하는 데 큰 도움을 받을 수 있다네. 일종의 '1년 가계부'라 하면 이해가 빠르겠군."

재성이 고개를 끄덕였다.

"미국에서 재무컨설팅 회사를 운영할 때라네. 학교 졸업하고 투자에 대한 이론 지식만 가득했던 시절의 나는 사람들이 부자가 되지 못하는 이유가 투자에 대한 기술이나 지식이 부족하기 때문이라 생각했었지. 그도 아니면 근면하지 못하기 때문이거나. 그런데 시간이 지나고 여러 사람들을 만날수록 내 생각이 잘못됐다는 것을 깨달았어. 그때 만난 많은 사람들을 통해, 나는 확실히 알게 되었네. 대부분의 사람들이 충분한 저축이나 투자를 하지 못하는 이유가 심한 낭비벽이 있어서가 아니란 점을. 사람들은 나름대로 지출을 줄이려 노력하는 편이었어. 그러나 결과는 그다지 희망적이지 않더군. 나중에 이유를 살펴보니 간단했어. 자신이 현재 어떤 모습이고, 수입이 어느 정도이며, 도대체 어디에 얼마만큼의 지출이 이루어지는지 잘 모르기 때문에 모든 문제가 발생했던 거야."

"자신의 상태를 정확히 알지 못해 지출 통제에 어려움을 겪었단 말씀인가요?"

"그렇다네. 재무플랜을 준비하기 위한 첫 단계는 바로 현재 자신의 자산 상태를 파악하는 일일세. 스스로 자가진단을 하건 전문가에게 의뢰하건, 현재 상황을 체크하는 것은 누구에게나 꼭 필요한 선결 과제지. 재무 상태를 파악하면 그 외에도 얻을 수 있는 것들이 많다네."

"구체적으로 무엇이 있나요?"

"개인의 재무상태표는 현재 나의 위치를 알려주는 재무 나침반 역할을 하지. 개인이 가진 자산을 한 곳에 나열한다는 사실만으로도 현재 내가 가진 것들이 무엇인지, 또 무엇이 부족한지 등 스스로의 상태를 깨닫게 해준다네. 두 번째로, 자기성찰의 시간을 가질 수 있는 기회를 제공하지."

"그렇군요."

"본인의 재무상태표를 작성하는 것은 생각보다 쉬운 작업이지만, 처음 익힐 때는 많은 시간이 필요할 거야. 경제관념이 부족한 사람이라면 자신의 통장, 주식, 채권, 보험 등의 내용을 확인할 수 있는 서류를 찾는 일도 만만치 않을 것이고. 하지만 꼼꼼하게 본인의 재무상태표를 작성하다 보면 객관적인 자기반성의 시간을 가질 수 있다네."

"정말 그렇겠네요."

"마지막으로, 잘 정리된 재무상태표와 현금흐름표는 향후 모든 재무플랜을 수립하는 기초자료가 될 수 있다네. 100억 원대 부자와 500만 원을 가진 사회초년생의 재무플랜이 같을 수는 없지. 결국 각자에 맞는 재무전략이 있기 마련이야. 결국 나의 상태를 파악하는 것이야말로 향후 나에게 어떤 전략이 가장 적절한지를 판가름하는 기준점이 되겠지. 그러므로 머리로만 대충 계산하지 말고 수치까지 확인 가능하도록 꼼꼼하게 기록하는 것이 매우 중요해. 숫자나 회계원리 따위는 관심 없다고 말하는 사람들이 많지만, 부자가 되기 위해서는 숫자와 친해져야 한다는 점을 잊어서는 안 되네."

LESSON 2
재무상태 자가진단법

1. 자산목록을 한자리에 모은다

첫 번째 해야 할 작업은 자신의 자산목록을 한데 모으는 것이다. 장롱 속에 잠자고 있는 보험증권, 주식, 채권, 까맣게 잊고 있었던 귀금속, 부동산 계약서, 각종 통장, 펀드, 대출 계약서들을 한자리에 집합시킨다.

개인의 재무상태표

(단위: 만 원)

자 산 구 분		금액	부 채	금액
현금성 자산	보통예금	300	부채	마이너스 통장	200
	CMA	1,200		주택담보대출	8,000
	–	–		–
	–	–		–
현금자산 계		1,500	부채 계	8,200
투자자산	적립식 펀드	1,000	순자산	15,900
	장기주택마련저축	600		
	A회사 주식	1,500		–
	–			
투자자산 계		3,100		
사용자산	아파트(거주)	20,000		–
	자동차	1,000		
	–			
	–			
사용자산 계		21,000		
자산 계		24,100	총자산	15,900

다음 단계는 개인 재무상태표에 하나씩 기입해나가는 것이다. 개인의 재무상태표 역시 기업의 대차대조표와 마찬가지로 총자산에서 부채의 합을 차감해 순자산을 산출하는 회계등식을 사용한다. 어려운 것 같지만 실제로 해보면 그리 어렵지 않다.

앞의 표는 재무상태표의 한 예다. 반드시 똑같은 방식을 사용할 필요는 없다. 좌변에는 자산을 기록하고, 우변에는 부채가 기록된다는 사실만 기억하면 된다.

2. 자산목록에 이름표를 달아 기재한다

이번에는 왼쪽 난에 가지고 있는 자산목록을 기재한다. 자산의 종류는 크게 4가지로 구분할 수 있다. ①현금성 자산, ②투자자산, ③은퇴자산, ④사용자산이다. 각각의 큰 범주를 정하고 세부 항목에 각 자산목록을 기재한다.

현금자산에는 현금, 수시 입출금, 저축, 보통예금, MMF, CMA(단기성 예금이나 현금) 등을 기재한다.

투자자산에는 채권, 주식, 펀드 등 금융자산을 기재한다.

은퇴자산에는 은퇴 후 사용할 개인연금, 퇴직연금, 저축 등을 기재한다. 주식이나 펀드 등의 금융자산이라 해도 은퇴자금으로 활용하기 위해 투자하는 금융자산이 있다면 은퇴자산에 기재한다. 사용자산은 말 그대로 거주 중인 아파트나 자동차처럼 현재 사용 중인 자산을 표기한다.

작성일 기준으로 평가액을 산정해 기입하고, 이를 모두 합하면 현재 내가 가진 총자산이 산출된다. 부동산대출이나 자동차 할부금은 차감하지 않고 총가치를 기준으로 기재한다.

다음으로 오른쪽 난에는 해당되는 부채 항목을 기입한다. 장기부채와 단기부채로 구분하면 좋다. 단기부채의 종류에는 신용카드 결제액, 잔여 할부금, 마이너스대출의 잔액 등이 해당되고, 대표적인 장기부채로는 전세자금대출, 주택담보대출, 모기지론 등이 해당된다.

부채 항목의 금액 난에는 작성일 기준으로 갚아야 할 잔액을 표기한다.

3. 나의 순자산은 얼마인가?

개인 재무상태표의 마지막 단계는 위와 같은 과정을 통해 산출된 총자산금액에서 부채금액을 빼는 것이다.

> 총자산 합계 금액 - 부채 합계 금액 = 나의 순자산

이를 통해 산출된 금액이 내가 현재 가지고 있는 자산의 현주소이며, 이를 순자산이라 한다. 만일 순자산이 마이너스라면 나의 미래는 암울하다는 증거이므로 심각한 고민을 해야 한다. 순자산이 많으면 많을수록 희망적이지만 현재 순자산은 많지 않더라도 매년 순자산 금액이 늘어가고 있다면 재무적으로 매우 건전한 상태이므로 희망적이라 할 수 있다.

4. 현금흐름표를 만든다

이번에는 현금흐름표를 만들자. 개인 현금흐름표는 일정 기간 동안 돈의 흐름을 나타내는 역할을 한다. 이를 돈의 수입과 지출로 요약할 수 있는데, 수입은 나의 가계에 돈이 들어오는 것을 의미하므로 대표적으로 급여 등을 들 수 있다. 이러한 소득은 급여 외에도 임대료, 이자, 사업소득, 연금소득, 기타소득 등 다양하게 구분할 수 있다.

이러한 수입 항목은 현금흐름표의 왼쪽에 기입하고, 돈이 빠져나가는 지출 항목은 오른쪽에 기입한다.

다음은 지출 항목을 기록한다. 현금지출 항목은 특성에 따라 저

개인의 현금흐름표

(단위: 만 원)

수입		지출	
구분	세부항목	구분	세부항목
고정수입		저축 및 투자	
		고정지출	
기타수입		변동지출	
		기타지출	
수입 계		지출 계	

축 및 투자와 지출로 나눌 수 있다.

지출은 다시 고정지출과 변동지출로 나눈다. 고정지출은 반복적이며 고정적으로 발생하는 지출 항목으로 쉽게 조절하기 어려운 특성이 있다. 대표적인 고정지출 항목으로는 대출상환금, 관리비, 공과금, 보험료, 소득세 등이 해당된다. 변동지출은 일정하지 않은 지출로 어느 정도 조정이 가능한 지출을 의미한다. 의식주 등의 생활비, 여행경비, 불규칙적인 의료비, 문화생활비, 외식비, 자녀의 사교육비 등이 대표적인 항목이다.

마지막으로 저축 및 투자 항목에는 정기적으로 들어가는 저축금액들을 기재한다. 적금, 적립식펀드, 연금저축, 청약부금 등이 해당된다. 보험료의 경우 저축보험은 저축 및 투자 항목에 해당되지만 화재보험, 건강보험과 같은 보장성 보험은 고정지출 항목에 해당됨을 유의한다.

현금흐름표를 작성해보면 소득에 비해 적절한 지출 수준을 유지하고 있는지, 저축과 투자 규모는 적절한지, 불필요한 지출이 어느 정도인지 등의 문제를 손쉽게 파악할 수 있다. 이러한 과정은 누구에게나 필요한 것이므로 꼭 한번 작성해보는 것이 좋다.

커피 두 잔

"어느새 날이 어두워졌군."

오 교수가 정원에 내려앉는 해거름을 바라보며 말했다.

"교수님의 이야기를 듣다 보니 시간 가는 줄도 잊었네요."

"날이 쌀쌀해졌는데, 서재로 들어가지 않을 텐가?"

오 교수의 서재는 수많은 책으로 가득했다. 국내서적이 3분의 1 정도였고 나머지는 전부 외국서적이었다. 놀라운 책의 양에 재성은 혀를 내둘렀다.

"교수님, 한 가지 궁금한 점이 있습니다. 현금흐름표를 작성할 때 저축과 투자금액을 왜 지출에 기록해야 하지요? 보통 지출이라 하면 소비를 뜻하는 것 아닌가요?"

"대부분의 사람들이 자네처럼 '지출=소비'라는 고정관념을 가지고 있기 때문에 그러한 의문을 갖기 쉽지. 하지만 현금흐름표는 돈의 흐름을 한눈에 파악하기 위한 도구라는 점을 명심하게. 결국 돈의 흐름이라는 관점에서 보면 들어온 돈과 나가는 돈으로 나눌 수 있지. 이런 관점에서 생각한다면 저축은 어느 쪽일까?"

재성은 잠시 고민에 빠졌다.

"음……. 나가는 돈이겠네요."

"그렇다네. 저축이나 투자는 분명 일반적인 소비와는 다르지만 내 주머니에서 나가는 돈이란 점은 동일하지. 대부분의 사람들이 '지출', 다시 말해 내 주머니에서 돈이 나가는 것은 무조건 안 좋은 것으로 인식하는 경향이 강하더군. 그러나 반드시 나쁜 지출만 있는 것은 아니야. 오히려 부자가 되기 위해서는 좋은 기회가 생겼을 때 과감하게 지출할 줄도 알아야 하지."

"교수님께서 말씀하시는 좋은 지출이 불우이웃돕기 같은 선의의 지출을 말씀하시는 건 아니겠죠?"

"그것도 나쁜 지출은 아니지만 그런 의미의 좋은 지출을 말하는 것은 아닐세. 대부분의 사람들은 방금 이야기했듯이 '지출=소비' 라 생각하는 경향이 많거든. 그런데 부자들은 지출을 좋은 지출과 나쁜 지출로 구분한 뒤 좋은 지출은 최대한 늘리고, 나쁜 지출은 최대한 줄이기 위해 노력한다네. 부자가 되기 위해서는 무조건 지출을 줄이기보다 잘 통제하는 것이 더 중요해. 결국 좋은 지출이란, 바로 좋은 자산을 사기 위한 지출을 말하네."

"좋은 자산이란 어떤 것이죠?"

"새로운 수익을 창출해낼 수 있는 자산을 의미하네. 주식, 채권, 부동산 등 수익을 가져다주는 자산들이 대표적인 예지. 그 외에도 새로운 수익을 창출할 수 있다면 큰 의미에서 모두 좋은 자산이라 할 수 있어. 같은 맥락에서 좋은 지출이란 이러한 자산을 구입하기 위한 지출을 말하지."

"나쁜 지출은 새로운 수익을 낼 수 없는 지출이겠네요?"

"맞아. 각종 소비재, 자동차, 범칙금 등 사는 순간 값어치가 떨어지거나 사라져버리는 지출이 여기에 속하지. 물론 기본적인 생활을 영위하기 위해 필요한 의식주나 교육비 같은 것들은 어쩔 수 없다 해도 나쁜 지출을 줄이는 지속적인 노력은 꼭 필요하다네."

"결국 수익을 창출하는 지출을 늘리고, 불필요한 지출을 최대한 줄여야 한다는 이야기군요."

"열심히 일하고 모아도 손에 쥘 게 별로 없는 사람들의 비밀 역시 바로 여기에 숨어 있지."

"그건 또 무슨 말씀이죠? 열심히 일하고 모아도 손에 쥘 게 별로 없는 사람들의 비밀?"

"자네에게 만 원이 있다고 해보세. 이 돈으로 살 수 있는 게 뭐가 있을까?"

"커피전문점에서 커피 두 잔 사면 끝이겠군요. 교수님과 함께 5000원짜리 점심을 해결할 수도 있을 테고."

"커피 두 잔이라……. 그렇겠군. 그 만 원으로 30년 전에 강남땅을 1평 샀다면?"

"만 원으로 강남에 땅을 살 수 있었을까요? 아무리 30년 전이라 해도."

"내가 사회에 첫발을 내디뎠던 30년 전에는 대치동 일대가 죄다 논밭이었다네. 믿기 어렵겠지만 평당 만 원 미만의 땅들도 꽤 있었어. 지금은 최소한 1,000배는 훨씬 넘게 올랐지만."

재성은 그저 멍한 기분이었다.

"지금 내게 있는 돈이 어디에 지출되느냐에 따라 커피 두 잔이 될 수도 있고, 수십 년이 지나 부자로 만들어주는 밑거름이 될 수도 있지. 그 차이를 볼 수 있느냐 없느냐의 차이가 부자와 가난한 사람의 차이라네. 이해할 수 있겠지?"

"……예."

> 좋은 지출=자산 구입, 투자, 저축 등
> 나쁜 지출=자동차·명품 구입, 외식, 범칙금 등

"연봉 1억 원 이상의 고소득자임에도 매달 카드값에 허덕이는 가계들이 의외로 많다네. 그들의 재무 상태를 살펴보면 그 이유가 여지없이 드러나지. 고액연봉자지만 아직 실질적인 부자는 아닌데, 그럼에도 부자의 삶을 사는 것이 그 이유라네. 소득이 늘면 자동차 배기량이 바뀌고 아이들 다니는 학원 수가 늘어나고 옷장 속의 명품 개수가 늘어가는 식이지."

"소득이 느는 만큼 저축이 아니라 지출만 늘어나는 꼴이군요."

"대부분의 사람들은 소득이 많아지면 부자가 될 수 있다고 믿곤 하지. 어느 정도는 맞는 이야기지만, 그것만 가지곤 진정한 부를 유지할 수가 없는 법이야."

"얼마를 버느냐보다 얼마를 쓰느냐가 재테크의 성패를 결정짓는 핵심요소라는 뜻인가요?"

"그런 셈이지. 대부분의 사람들은 투자시장이나 금융상품, 투자방법 등 돈을 불리는 방법에 의해 부의 성패가 결정된다고 생각해. 물론 경제흐름에 대한 지식, 금융상품 동향 파악, 투자 지식 역시 수익률의 극대화를 통한 효율성 증대 측면에서 매우 중요한 성공 요인임은 틀림없어. 하지만 그 전에 우선적으로 고려되어야 할 것이 바로 현금흐름 관리라네."

"현금흐름 관리요?"

"자네도 가정을 꾸리고 사회생활을 하고 있으니 잘 알겠지만, 매월 또는 매년 자신이 계획한 대로 지출을 유지하기란 쉽지 않지. 살다 보면 갑자기 아파 병원에 가기도 하고, 뜻하지 않은 경조사가 발생하기도 하고 말일세."

> **현금흐름 관리의 강점**
> ❶ 수입과 지출 규모를 한눈에 파악할 수 있다.
> ❷ 수입과 지출의 균형점을 찾을 수 있다.
> ❸ 지출 규모 파악을 통해 보다 효율적인 지출 통제가 가능하다.
> ❹ 수입에서 지출을 뺀 '순소득' 규모를 파악할 수 있다.
> ❺ 순소득 산출을 통한 정확한 투자계획 수립이 가능하다.

"개인의 현금흐름을 진지하게 파헤쳐보면 그 과정에서 가계의 모든 문제점과 가능성이 드러나기 마련이지. 예컨대 500만 원을 버는데 600만 원을 지출하는 가계와 300만 원을 버는데 100만 원을 저축하는 가계를 생각해보게. 과연 수입이 많다 해서 부자가 될 가능성이 높다고 할 수 있을까?"

"재테크의 가장 기본은 지출관리란 말씀이군요."

"1997년 외환위기, 2008년 서브프라임 금융위기를 떠올려보게. 다우지수와 코스피지수는 곤두박질치고 개인이 할 수 있는 것은 아무것도 없었지. 우리는 이른바 통제 불가능의 영역을 이미 경험한 바 있지 않은가. 통제 불가능의 영역 또한 우리가 신경 써야 할 투자의 한 영역임에는 분명해. 하지만 굳이 우선순위를 꼽자면 리스크 제로의 통제 가능 영역부터 관리하는 것이 당연하겠지. 그런 면에서 현금흐름 관리는 모든 투자의 시발점이라 할 수 있어."

"이제 수긍이 갑니다. 그렇다면 구체적으로 어떻게 해야 하나요? 지출을 잘 통제할 수 있으려면."

"월급이 들어오면 제일 먼저 저축을 하고 나머지 돈으로 생활하는 습관을 들이는 게 중요해. 매월 저축액을 조금씩 늘려나가다 보면 자신도 모르게 통장 잔고가 늘어나는 마법을 경험할 수 있을 걸세."

"지출 통제의 효과가 자연스럽게 저축의 증가로 나타나겠군요?"

"그렇지. 지출을 통제하는 생활에 익숙한 사람들 중에는 심지어 신용카드를 아예 만들지 않는 이들도 있어. 신용카드는 잘 사용하면 매우 유용한 수단임에 틀림없지만, 반대로 남발하면 지출 통제가 어려워 애를 먹기 마련이거든. 그래서 별도의 생활비 통장에 미리 정한 한 달치 생활비를 넣은 체크카드를 만들어 사용하는 사람들도 많다네."

"정말 좋은 방법이네요. 하지만 그런다고 해서 도대체 얼마나 더 저축할 수 있겠습니까? 하루아침에 부자가 될 수 있는 것도 아닐 테고."

"자네가 그렇게 말하는 것도 이해는 가네. 이러한 소비 패턴의 실천이 하루아침에 자네를 부자로 만들어주지는 못할 테니까. 하지만 이것 하나는 꼭 명심하게. 돈이란 처음에는 미약해도 그것이 모이고 또 모여, 수익과 시간이라는 첨가제가 더해지면, 어느 순간 마법처럼 기하급수적으로 불어나는 시스템을 가지고 있다는 것을."

"기하급수적으로? 정말요?"

"지출을 통제한 결과가 시작은 미약하지만 그 끝은 얼마나 창대한지 알고 싶나? 그렇다면 이렇게 가정해보세. 지출을 통제한 결과가 매월 10만 원이라고."

"한 달에 10만 원이요? 기왕이면 조금 더 쓰시죠."

"그래? 그렇다면 매월 20만 원을 저축했다고 해봄세. 1년이면 240만 원이 되고, 여기에 5% 정도의 수익을 더하면 대략 250만 원의 수익을 창출할 수 있네. 그렇지?"

"그렇겠지요."

"만약 250만 원이라는 수익을 창출하기 위해 5%짜리 투자상품에 투자한다면 얼마의 투자원금이 필요할까?"

"음······."

잠시 고민하던 재성이 자신 없는 목소리로 대답했다.

"5%라면 대략 5000만 원이 필요하겠네요."

"맞아. 고작 20만 원이 당장 5000만 원을 투자한 것과 똑같은 효과를 얻을 수 있었어. 자네도 알겠지만 투자자금 5000만 원을 마련한다는 게 보통사람들에겐 쉽지 않은 일이지."

"놀라울 따름이네요. 한 달에 20만 원을 저축하는 것이 5000만 원을 투자한 것과 똑같은 효과가 있다니. 그간 투자할 돈이 없다며 투덜대기만 했었는데."

오 교수는 무언가를 더 보여주려는 듯 계산기를 들어 자판을 꾹꾹 눌렀다.

"이번엔 시간이란 마법을 첨가해볼까? 20만 원을 아껴 저축할 수 있고, 그렇게 해서 10%의 수익을 올렸다고 가정한다면, 1년 후에는 253만 원…… 5년 후에는 1560만 원…… 10년 후에는 4130만 원…… 20년 후에는 1억 5310만 원…… 30년 후에는 자그마치 4억 5590만 원이 된다네."

"한 달 20만 원이 30년 후에는 4억이 훨씬 넘는다고요?"

재성은 눈을 둥그렇게 떴다. 그러자 오 교수가 계산기를 들이 밀었다. 계산기에는 정확히 455,865,065란 숫자가 찍혀 있었다.

"4억 5000만 원? 정말이네?"

월수입 200만 원인 사람이 10%만 절약할 수 있다면?

투자 기간	수익률	수익금	투자 기간	수익률	수익금
1개월	5%	20만 원	1개월	10%	20만 원
1년	5%	247만 원	1년	10%	253만 원
5년	5%	1366만 원	5년	10%	1562만 원
10년	5%	3119만 원	10년	10%	4131만 원
20년	5%	8255만 원	20년	10%	1억 5314만 원
30년	5%	1억 6715만 원	30년	10%	4억 5578만 원

"대부분의 사람들이, 돈을 많이 벌어야 부자가 될 수 있다고 생각한다네. 지금의 어려움은 수입이 늘면 자연스레 해결될 것이라는 착각이지. 하지만 돈이란 건, 결국 사람에 의해 관리되고 유지된다네. 돈만 보면 쓰고 싶어 잠시도 통장에 넣어두지

Think!
나의 부자지수는?

나이 :
총소득 :
순자산 :

$$부자지수 = \frac{순자산 \times 10}{나이 \times 총소득}$$

나의 부자지수는 얼마인가? 정확한 수치를 뽑아낼 필요는 없다. 대략적인 자신의 상황을 인식하는 것만으로도 큰 의미가 있다.

- 50% 이하 : 재무패턴에 문제가 있다. 심각한 고민이 필요하다.
- 100% 이하 : 보통의 수준이다. 더 많은 노력이 필요하다.
- 200% 이하 : 가능성이 충만하다. 조금 더 노력하자.
- 200% 이상 : 내 몸 속에는 부자의 피가 흐르고 있다.

못하는 사람들이 우리 주변에 얼마나 많은가. 적금 한번 타보지 못하고 일생을 마치는 사람부터 평생 마이너스 인생으로 사는 사람까지, 결국은 돈의 노예로 전락하고 마는 것이지."

"돈의 노예라는 말, 가슴에 와 닿네요."

"절약과 저축의 기본 마인드가 없는 사람에게는 아무리 마법 같은 투자안도 무용지물일 따름이지. 그래서 본격적인 투자방법을 알려주기에 앞서 이런 부분을 강조하는 것이라네."

"기본에 충실해야 한다는 것이군요."

"그렇다네. '부자들은 월급의 50%를 무조건 저축한다' 라는 말이 있지. 월급의 50%를 무조건 저축하지 않으면 부자가 될 수 없다는 말은 물론 아니야. 어쨌거나 부자가 되려면 좋은 지출에 우선적으로 지출하고 나쁜 지출은 최대한 줄여야 해."

"……."

"저축의 중요성은 누구나 잘 알고 있지. 그러나 대부분의 사람들이 '지금은 저축할 여력이 없다', '나중에 수입이 늘어나면 저축을 할 것이다' 라는 핑계를 대고 해. 하지만 그런 말을 자주 하는 사람일수록, 정작 수입이 늘어나도 저축은 쉽게 늘지 않는다네."

통장잔고는 어디에?

오 교수가 잠시 서재를 비운 사이, 재성은 지금까지의 대화를 머릿속에서 나름대로 정리했다. 노교수의 이야기 한마디 한마디가 왜 자신의 가슴에 비수 꽂히듯 파고들었는지, 그 이유 역시 곰곰이 생각해보았다. 그러자 문득, 취직 이후 몇 년 동안의 기억이 주마등처럼 스쳐 지나갔다.

돈을 벌어야겠다는 생각을 늘 했다. 그러나 한 번도 흡족하게 돈을 벌었다고 느낀 적이 없었다. 여유로운 삶을 누리고 싶었다. 그러나 늘 쫓기는 생활의 연속이었다. 다른 사람의 말만 믿고 고수익 위주의 고 리스크 자산에 집중적으로 투자해 대박을 노렸다. 그러나 번번이 실패로 돌아갔다. 앞뒤 가리지 않고 사람들의 감언이설에 빠져 무조건 투자를 한 것이 패인이었다. 이 런저런 낭비도 없지 않았다. 얼마 전에는 멀쩡했던 중소형차를 팔고 3000만 원 가까운 중형차를 할부로 구매했다. 자신의 상황을 감안했을 때 그것은 분명 어리석은 지출이었다. 수입에 비해 너무 무리한 대출을 받아 집을 구입한 것도 문제였다. 그 결과 주거 관련 비용과 대출상환 비용이 너무 커졌고, 그로 인해 늘 마음이 편치 않았다. 상황이 이러함에도, 자신의 재무 상태를 한 번도 진지하게 고민한 적이 없었다.

그렇다면 이제 어떻게 할 것인가. 장차 지출을 어떻게 효율적으로 통제할 것이며, 부채관리는 어떻게 해야 할 것인가.

잠시 후 오 교수가 서재로 돌아왔다. 기다리던 재성이 부리나케 입을 열었다.

"교수님, 어떻게 하면 지출을 더 효율적으로 통제할 수 있을까요?"

오 교수는 고개를 갸웃, 해 보였다.

"지출을 효율적으로 통제하기 위해서는, 음, 계획적으로 지출하는 습관이 몸에 익어야 해. 계획적으로 지출하는 습관이 몸에 배면 매월 일정한 계획 안에서 지출을 하게 되고, 이는 다시 불필요한 지출을 통제하는 선순환적 역할을 하지."

"계획적으로 지출하는 습관을 들이려면……."

"우선 예산을 짜보게. 예산이란 '필요한 금액을 미리 헤아려 계산한다'는 뜻을 가지고 있지. 말 그대로 매월 길게는 매년, 예상되는 지출을 미리 예측해서 계획을 세우는 것을 의미하네. 예

고정지출과 변동지출

고정지출	각종 공과금	소득세, 국민연금, 건강보험료 등
	관리비용	수도, 가스, 전기, 관리비 등
	대출상환비용	주택담보대출, 자동차 할부금 등
	보장성 보험료	종신보험, 정기보험, 건강보험 등
	필수 교육비	등록금, 유치원비 등
변동지출	식비	식비, 외식비 등
	의복비	피복비, 쇼핑 등
	의료비	각종 병원비, 성형수술 등
	통신비	휴대폰, 인터넷 등
	교통비	유류비, 대중교통비 등
	여가비	여행, 콘서트, 영화 등
	사교육비	각종 학원비, 과외, 학습지 등
	경조사비	명절비, 축의금, 부모님 용돈 등
	기타	그 외 기타 지출

산을 세울 때 매월 지출하는 돈은 고정지출과 변동지출로 나눌 수 있어. 고정지출은 다시 매월 지출되는 정기적 지출과 1년에 1~2회 빠져나가는 비정기적 지출로 나눌 수 있고."

"비정기적 지출은 또 뭐죠?"

"고정적으로 나가지만 매월이 아니라 비정기적으로 나가는 지출 말일세. 자동차세나 자동차보험료 같은 경우가 대표적이지. 자동차세의 경우 6월과 12월, 자동차보험료는 만기 시 1년에 1회 납입하게 마련이잖나. 비정기적 지출의 경우 월 단위로 쪼개 별도로 관리하면 지출관리에 도움이 되네. 이런 종류의 지출은 납입 기일이 돌아오면 내야 할 금액이 비교적 적지 않거든. 그래서 아무런 대비 없이 해당 월이 되면 가계재정에 큰 영향을 끼치지. 이런 비정기적 지출은 월 단위로 예산을 쪼개고 별도의 통장을 만들어 매달 적립해놓았다가 해결하는 게 좋아. 그러면 계획적인 지출을 유지하는 데 큰 도움이 되지."

"비정기적 지출의 규모를 미리 정해 매월 별도로 준비하면, 한꺼번에 목돈이 나가더라도 꾸준한 저축계획을 유지할 수 있겠군요."

"이런 고정지출이 있다면 또한 변동지출이 있겠지? 이제부터가 중요하네. 지출 통제의 핵심은 바로 변동지출을 관리하는 것이기 때문이지. 대표적인 것들로 의식주, 교통비, 통신비, 문화생활비 등이 이에 해당하네. 매월 씀씀이에 따라 변동 폭이 달라질 수 있다는 게 특징이지. 때문에 얼마를 지출해야 하는지 쉽게 예측하기 어렵고 자신이 얼마를 지출하고 있는지 파악하기도 쉽지 않은 경우가 의외로 많아. 가계부를 쓰는 사람이라면 이를 통해 지출 상황을 파악하는 데 크게 도움이 된다네. 해당 지출 내역을 꼼꼼히 기록하는 것만으로도 자신의 현재 지출 상황을 파악할 수 있거든. 다만 추가 저축 여력을 위해 어떤 지출을 줄여야 하는지, 본인이 할 수 있는 것은 무엇인지 꼼꼼하게 체크하는 노력이 필요하다네. 무절제한 소비 습관으로 어느 곳에 얼마만큼의 소비가 이루어지는지 파악하기 힘들다면, 한두 달 정도만이라도 가계부를 써보는 게 좋아."

"지출 내역 파악을 위해서?"

"그렇다네. 대부분의 사람들이 이런 과정만으로도 '생각보다 꽤 많은 불필요한 지출이 이루어지고 있다'는 사실을 깨닫지. 하지만 나름대로 지출 내역을 관리해온 사람이라면 의외로 줄일 곳이 없을 수도 있어. 보다 효율적인 돈 관리 시스템을 만들어두는 것도 큰 도움이 된다네."

"구체적으로 어떤 것들이죠?"

"예를 들어 현금흐름 관리를 시스템화하는 것도 큰 도움이 된다네. 대표적인 것이 통장 쪼개기 같은 것들이지."

"저도 들어본 적 있어요. 이를테면 저축, 생활비, 급여 등 용도별로 통장을 쪼개 관리하는 거잖아요?"

"맞네. 통장을 용도별로 쪼개 관리하면, 추후에 관련된 내역을 한눈에 일목요연하게 살펴볼 수 있거든. 지출관리에도 도움이 되지. 가장 큰 장점은 자동이체 기능을 통해 자동으로 지출을 분배하는 시스템을 만들 수 있다는 점이야."

"저도 당장 저만의 현금흐름 시스템을 만들어야겠어요."

"꼭 그렇게 하게. 한 가지 명심할 점은, 결국 이러한 과정 모두 추가적인 저축 여력을 만들어내기 위한 자기절제가 따라야 한다는 것일세. 수전노가 될 필요는 없겠지만, '고통 없이 밝은 미래는 없다' 라는 사실 역시 명심해야 하네."

약간의 침묵이 흐른 뒤, 재성은 한숨을 내쉬며 말했다.

"하루아침에 부자가 되는 마법은 없다는 말씀이네요. 경제생활의 기본은 절약과 저축에서 시작하는 것이니까."

그의 표정이 그다지 밝지 않았다. 내심으로는 뭔가 특별한 비법 같은 것을 기대했던 때문일 터였다.

"실망했나? 그렇다면 미안한 이야기지만 저축과 절약을 실행하지 않고 부자가 되는 방법은 존재하지 않는다네."

Think!
지출을 통제하라

직장인들의 일반적인 소비 패턴은 '급여-지출=저축'이라는 공식으로 정리할 수 있다. 직장인의 주 소득원은 급여다. 급여에서 생활비, 교육비 및 대출금 등의 지출을 하고 남는 돈이 생겨야 비로소 저축에 순서가 돌아간다. 그나마 남는 돈이 있으면 다행이지만 가끔은 모자라는 경우도 발생하기 마련이다. 이는 고스란히 부채로 쌓인다. 이 방정식에 기초해 저축을 늘리기 위해서는 한 가지 방법밖에 없다. 급여(소득)를 늘리는 것이다. 하지만 이는 그리 간단한 문제가 아니다. 이러한 문제를 해결하기 위해 '급여-저축=지출'이라는 선지출 구조를 확립하는 노력이 필요하다.

선지출 구조를 만들고 지출을 효율적으로 통제하기 위해서는 계획적으로 지출하는 습관이 선행되어야 한다. 짧게는 매월, 길게는 매년 단위로 지출 계획(예산)을 짜야 한다. 돈의 씀씀이를 파악하기 위해 최소한 1~2개월 만이라도 지출 내역을 꼼꼼히 체크하는 노력이 필요하다.

지출 통제는 마음만으로는 쉽게 되지 않는다. 실제로 많은 사람들이 자신의 지출이 어떻게 행해지고 있는지 자세히 파악조차 못한다. 효율적인 지출 통제를 위해서는 시스템을 만드는 노력이 필요하다. 그 시작점은 바로 자신의 지출 상태부터 파악하는 것이다. 현재 부자가 아닌 사람이 저축과 절약을 하지 않고 부자가 되는 방법은 남이 쌓아놓은 부를 훔치거나 빼앗는 일, 로또에 당첨되는 일 외에는 존재하지 않는다.

버퍼메모리의 존재감

"자네, 컴퓨터의 버퍼메모리라는 것 알고 있나?"

"그럼요. 데이터가 일시적으로 몰리거나 부족한 상황에 대비, 데이터를 잠시 저장해두었다가 일정한 양의 데이터를 메인

프로세서에 공급하는 기능이죠."

"역시 컴퓨터에 대해서는 나보다 낫군."

"그런데 버퍼메모리는 왜요?"

"메인프로세서의 계산 능력 한계를 넘는 데이터가 일시적으로 몰리면 오류가 발생하고, 이 같은 오류를 방지하기 위해 필요한 게 버퍼메모리 아닌가. 돈을 관리하는 일에도 이러한 기능이 필요하다네. 일종의 버퍼머니라 할까?"

"현금흐름이 안 좋을 때를 대비해 일종의 예비자금을 따로 관리하라는 말씀이군요."

"그렇지. 뜻밖의 긴급 상황에 대비하는 의미에서 보통 비상예비자금이라 하지. 가령 가장의 실직이나, 가족 중 한 명이 큰 질병에 걸리거나 사고를 당하면 매월의 지출계획에 큰 타격을 받게 되네. 또 대부분의 저축이나 투자상품의 경우 중도에 해지하면 불이익을 받지. 이럴 경우 전체적인 투자계획에 악영향을 끼칠 확률이 매우 높거든."

"추가적 지출까지는 그렇지만, 그로 인해 전체적인 계획에 심각한 차질이 생기리라곤 미처 생각 못했네요. 교수님 말씀을 듣고 보니 비상 예비자금이란 것이 왜 필요한지 알겠어요. 그런데 도대체 얼마나 필요할까요?"

"딱히 정답이 정해져 있는 것은 아닐세. 무엇보다 '비상시에 대비한 예비자금이 필요하다'는 인식을 갖는 것이 가장 중요해. 굳이 답을 달라 하면 일반적으로 가계의 연간 고정지출과 변동지출에서 소득세를 공제한 금액의 1/2~1/4 정도가 적당할 거야. 다시 말해 월 평균지출의 3~6개월 정도 되는 금액을 즉시 현금화가 가능한 단기예금 상품으로 준비해놓으면 되겠지."

"월 지출 수준에 따라 비상 예비자금의 규모도 달라져야 한다는 말씀이네요?"

"당연하지. 뜻밖의 사고나 지출이 생긴다고 해서 매월 고정적으로 발생하는 지출이 줄어드는 것은 아니니까. 더 세부적으로 고려해, 맞벌이처럼 소득원이 다양한 경우라면 최소한의 규모에 해당하는 3개월치 정도의 자금만 준비해도 되겠지. 반대로 소득원이 하나밖에 없다면 리스크가 상대적으로 크므로 6개월 정도 준비하는 것이 바람직할 거야."

재성은 혀를 내둘렀다. 6개월에 해당하는 현금을 보유하기는커녕 다달이 생활하기도 버거운 그였기 때문이다. 아내가 몰래 비자금을 마련해두지는 않았을까? 그런 기대 같은 건 할 처지도 아니었다. 자신의 소득이라고는 늘 빤했으니까.

"교수님 말씀대로라면, 비상 예비자금은 일정 금액 이상의 잔고가 항상 유지되어야 한다는 이야기잖아요?"

"그렇지."

"그렇다면 월 생활비와는 별도로 관리하는 것이 좋겠군요. 수개월에 해당하는 생활비 정도면 적은 금액은 아니잖아요. 그 금액을 묶어둘 게 아니라 유사시에 인출이 가능해야 한다면, 입출금이 쉬우면서도 비교적 높은 이자율을 제공하는 CMA나 MMF 같은 상품에 들면 좋겠네요."

"좋은 아이디어군! 여러 재테크 비법 중에 통장 쪼개기 방식을 활용한다면, 항상 일정 잔고가 발생하는 자금은 자네 말처럼 수익성이 높은 상품에 넣어두고 따로 관리하는 게 유리하지. 반면 생활비 통장처럼 잔고가 많지 않고 거래가 빈번한 자금은 별도로 관리하는 게 좋을 테고."

"월급통장이나 생활비 통장 같은 소모성 잔고의 자금들은 오히려 은행의 일반보통예금을 활용하는 것이 좋겠군요."

"월급통장에 한해 거래수수료 면제 혜택을 준다거나 공과금 등의 자동이체 시에 할인 혜택을 주는 식의 꽤 유용한 서비스를 제공하는 상품들이 많지. 이자 수익이 얼마 안 되는 상황이라면 차라리 이런 유용한 서비스를 이용하는 게 유리하다네. 잔고가 그리 많지 않고, 자주 거래하는 계좌의 경우 시간적인 비용도 발생하는 데다, 거래수수료 등을 금액으로 환산하면 의외로 배보다 배꼽이 더 큰 경우가 많기 때문일세. 일반적인 생활비 통장은 이율보다는 거래하기 편리하거나 거래 실적을 쌓을 수 있는 주거래은행의 계좌를 사용해도 좋네."

"마이너스통장은 어떨까요?"

"마이너스통장이라……. 이건 조금 신중하게 생각해야 할 문제야. 여유자금이 없어 비상 예비자금을 준비할 여력이 전혀 없는 경우라면 이를 위해 마이너스통장을 준비하는 것도 좋은 방법이지. 하지만 그렇지 않은 경우, 마이너스통장은 자칫 독이 될 수 있다는 점을 명심해야 하네."

LESSON 3
통장관리 시스템 만들기

현금흐름을 관리할 때 가장 흔히 사용하는 방법 중 하나가 일명 '통장 쪼개기'다. 그 원리는 간단하다. 우선 돈을 세 가지 다른 바구니에 넣는다고 생각해보자. 첫째는 정태적 계좌로, 이른바 '급여통장'이라 할 수 있다. 매월 들어오는 수입과 주택대출 상환금, 수도·전기료, 자동차 할부금, 보험금 등 고정적으로 나가는 지출을 관리하는 계좌다.

통장관리 시스템의 기본 구조

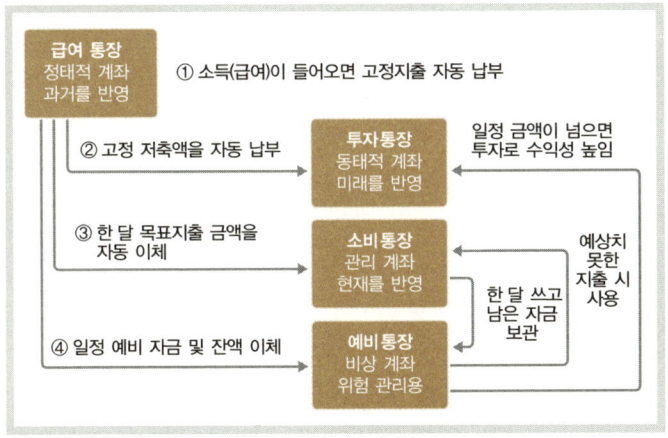

1. 급여통장

통장관리 시스템의 큰 형님은 급여통장이다. 급여통장의 첫 번째 역할은 일정한 소득을 한데 합치는 것. 급여소득자라면 급여

명세서 정도만으로도 한 달 수입 규모를 정확히 알 수 있겠지만 사업소득자거나 기타 부수입 등 비정기소득이 있는 가계의 경우 정확한 한 달 수입 규모조차 파악하기 어려운 경우가 많다. 소득을 한 통장으로 고정시키면 일단 가계의 전체 수입 규모를 한눈에 파악할 수 있다. 다음으로 고정지출 또한 이 통장을 통해 관리하면 좋다. 세금, 공과금, 고정관리비 등 고정지출의 경우, 어차피 나가야 할 지출인 만큼 이를 제한 후의 소득을 실질소득으로 봐야 한다.

2. 소비통장

소비통장은 변동지출, 즉 매월 씀씀이에 따라 지출액이 크게 변동될 수도 있는 생활비용을 관리하기 위한 통장이다. 따라서 일정 금액을 넣어두고 식비, 교통비, 문화비 등의 지출을 위한 용도로 활용한다. 요즘에는 다양한 혜택들로 무장한 체크카드들이 많으니 이런 체크카드와 연계해 활용하면 더 좋다.
소비통장을 별도로 관리하는 이유는 지출을 줄이고자 하는 목적도 있지만, 매월 일정한 예산 내에서 소비하는 습관을 기르기 위한 목적이 더 크다. 예산을 정해놓고 한 달을 생활하다 보면 의외로 쓸데없는 지출을 줄일 수 있다.

3. 투자통장

투자통장은 재무 목적에 따라 여러 개가 될 수도 있다. 예를 들어 내 집 마련, 교육자금, 은퇴자금 이렇게 3가지 재무목표가 있다면 해당 재무목표를 위한 자금을 일정한 비율로 쪼개 운영하면 된다. 투자통장 즉 투자상품을 선정할 때 가장 유의해야 할 점은 높은 수익률이지만, 투자 목적과 투자 기간에 따라 가장 적절한 상품에 가입할 필요가 있다.

4. 예비통장

예비통장의 주된 역할은 예기치 않은 변수나 리스크가 발생해도 통장관리시스템이 원활히 유지될 수 있도록 하는 일종의 범퍼 또는 방파제와 같다. 꾸준한 투자계획을 유지하기 위해서는 뜻밖의 상황에 대비하기 위한 비상자금을 준비해두어야 한다. 명확하게 얼마를 준비해야 한다는 기준이 있는 것은 아니지만 최소 월 평균지출의 3개월 치에 해당되는 금액은 즉시 현금화가 가능하도록 준비해두는 것이 바람직하다.

예비통장의 잔고가 일정 수준 이상이라 판단되면, 그대로 놔두지 말고 투자통장으로 이체해 수익을 극대화하는 것이 효율적이다. 예비자금을 지출한 후에는 지출한 돈만큼 다시 보충해서 채워두어야 함도 잊지 말아야 한다.

통장 자동이체에도 순서가 있다. 이때 유의할 점은 이체의 순서다. 투자통장, 고정지출, 소비통장 순으로 이체되도록 하는 것이 중요하다. 순서가 뭐 그렇게 중요하냐고 묻는 사람도 있겠지만, 예산이란 여러 가지 변수로 인해 오차가 생기기 마련이다. 이 경우 예산 조정은 대부분 마지막에 남겨진 돈에 좌우된다. 다시 말해 예산 조정이 필요할 때, 그 달의 저축액을 줄이느냐 소비를 줄이느냐의 심리적 부분을 좌우한다는 이야기다.

요약하면 모든 자동납부가 끝나고 투자통장, 고정지출, 소비통장 순으로 자동이체된 후 급여통장 잔고가 다음 급여일까지 거의 제로가 되면 성공이다. 급여일 이후 월말까지 모든 고정지출이 자동으로 납부되고 생활비도 자동으로 소비통장에 입금되므로 (월말이 지나 최종 잔액을 확인한 후 남은 돈을 예비통장으로 이체하는 것 외에는) 특별히 신경 쓸 일이 없다. 또한 통장을 정리하거나 인터넷뱅킹으로 거래 내역을 조회하면 매월 똑같은 내역이 반복해서 표시되기 때문에 언제든지 고정지출 내역과 지출액의 변동 사항을 한눈에 확인할 수 있다.

급여일 이후 월말까지 모든 고정지출이 자동으로 납부되고, 급

통장관리 시스템의 이체 순서

여통장은 수시입출금이 가능한 금융상품이어야 한다. 이체가 잦기 때문에 인터넷뱅킹 수수료 절감 효과가 있으면 더할 나위 없이 좋다. 급여소득자의 경우 급여이체를 설정해놓으면 수수료를 일부 면제하거나 절감해주는 상품도 있다.

꼬리를 무는 카드대금

두 사람의 대화는 밤이 깊어 갈수록 더욱 무르익었다. 서로의 의견을 나누던 중, 오 교수가 서재 구석에 놓인 가운 하나를 집어 들었다. 금색 실크로 된 고급스러운 가운. 한눈에 보아도 예사롭지 않은 물건이었다.

"멋지네요. 서재용 가운인가요?"

"처음 교수 임용 받았을 때 친구에게 받은 선물이라네."

자랑이라도 하듯 가운을 펼쳐 보이는 오 교수의 얼굴에 어떠한 감정이 깊이 배어났다.

"꽤나 고급스러워 보이는데요?"

"모르긴 몰라도 제법 값이 나가는 물건이라더군. 아, 지금 가운 자랑을 하려는 것은 아니고. 자네 혹시 '디드로 효과'라는 말을 아나?"

"글쎄요. 처음 들어보는데요."

"18세기 프랑스에 디드로라는 철학자가 살았지. 이 사람이 어느 날 친구로부터 서재용 고급 가운을 한 벌 선물 받았다네.

당연히 디드로는 서재에 그 가운을 두고 생활했는데, 문제는 시간이 지날수록 그 고급 가운이 놓인 서재가 너무 낡고 초라해 보이기 시작했다는 거야. 그래서 가운에 걸맞은 책상과 의자, 장식 등을 하나씩 바꾸기 시작했지. 결국에는 서재용 가구까지 몽땅 바꾸고 말았다네."

"가운 하나가 서재를 온통 바꾸어버린 셈이네요."

"하나의 재미있는 에피소드 같지만, 여기에는 상당히 중요한 의미가 담겨 있다네. 하나의 물건을 구입하는 것이 '보이지 않는 수많은 소비를 유발하는 효과를 내포하고 있다' 는 거지. 어떤 한 제품을 구입함으로써 그것과 연관된 다른 제품의 연속적 업그레이드 효과가 있다 해서 '상향효과' 라는 말로도 쓰인다네."

"보이지 않는 소비를 유발한다고요?"

"그렇다네. '이것 하나쯤이야' 라고 무심코 구입하는 것이 결코 그것 하나쯤이 아닐 수도 있다는 점을 꼬집는 법칙이지."

"꽤 흥미로운 이야기군요."

가운을 벗어 제자리에 가지런히 놓은 오 교수가 다시 이야기를 시작했다.

"자동차, 신용카드, 대출. 이 3가지는 재테크에 영향을 끼치는 3대 요인이라 할 수 있지. 우선 자동차부터 이야기해볼까? 자동차를 구매할 때 우리는 보통 자동차 자체의 가격만을 생각해. 그러나 장기 할부로 구입한 자동차에는 매월 할부대금, 거기에 매년 청구되는 자동차세, 운행 거리에 비례해 발생하는 기름값에 가끔 비정기적으로 들어가는 수리비, 차를 치장하는 데 들어가는 부수비용까지가 잇따라 발생하게 되지. 마치 자신의 대부분을 물속에 감추고 있는 거대한 빙산과도 같지 않은가? 문제는 이렇게 고정적으로 발생하는 지출이 매월 일정한 수입을 쪼개 생활하는 급여생활자들의 대표적인 불안 요소로 작용한다는 점일세. 소비를 무감각하게 만드는 신용카드 역시 마찬가지라네. 푼돈이라 생각하며 조금씩 썼던 카드대금은 '가랑비에 옷 젖는다'는 말처럼 결제일이 다가오는 것을 두렵게 만드는 주범이지. 우리 주변을 돌아보면 쓰지 않는 물건들이 쌓여 있는 경우를 심심치 않게 볼 수 있다네. 이렇게 쌓이고 널린 물건들 때문에 집이 비좁게 느껴지고, 살림살이에 치이다 보면 '빚을 내서라도 넓은 집으로 이사를 가야 하나?'라는 생각이 절로 드는 거야. 가운이 서재를 바꾸어버린 디드로의 경우와 똑같은 상황이 현실에서도 비일비재하게 벌어지고 있는 셈이지."

"정말 그렇군요."

"이쯤 되면 '과연 나의 소비 패턴이 내가 반드시 써야 하는 곳에 잘 쓰이고 있는가?' 하는 반성이 필요하다네. 계획성 없는 소비는 가계재정을 악화시키는 최대의 리스크 요소야. 연봉이 1억 원인 사람도 카드값에 허덕이는가 하면, 월급이 불과 100만 원이지만 50만 원을 저축하는 사람도 있음을 생각해보게나. 재미있는 점은 부자들의 경우 치밀하게 계획하고 그 계획에 맞게 저축한다는 사실일세."

"한마디로 표현하면 '계획성 없는 소비는 위험하다' 군요."

"정확한 표현이군."

"하지만 인간은 누구나 소비를 하면서 행복감과 자기만족을 느끼지 않나요?"

"그 말에는 나도 공감하네. 하지만 거꾸로 '많이 소비해야만 행복한 삶일까?' 라는 질문이 있다면, 나는 '꼭 그렇지 않다' 고 대답할 거야. 내가 태어나고 자라던 시기는 전쟁이 끝난 직후라 물질적으로 정말 빈곤했지. 외식은커녕 하루 세 끼만 먹어도 다행인 시절이었어. 하지만 꼭 불행했느냐 하면 그렇지는 않았지. 자네는 지금 과거보다 물질적으로 훨씬 더 풍요로운 시대를 살고 있지만, 반대로 후손들에 비하면 그다지 풍족하지 못한 시대에 살고 있다고도 할 수 있을 거야. 하지만 자네 후손들이 자네보다 더 행복하리라는 보장은 없네."

재성은 고개를 끄덕였다.

"저 어렸을 때는 아버지의 월급날을 손꼽아 기다렸어요. 그날은 한 달에 딱 한 번 있는 저희 가족의 외식 날이었거든요. 그나마 근사한 레스토랑이나 갈빗집은 어림도 없고 짜장면 한 그릇, 기껏해야 삼겹살이 전부였지만 동생과 저는 그날을 손꼽아 기다렸지요. 아직도 그 기억이 생생합니다. 지금 생각해보면 가족의 행복은 비싼 음식이 아니라 서로 간에 느끼는 사랑이지 않나 싶네요."

오 교수는 미소를 지으며 고개를 끄덕였다.

"세계에서 행복지수가 가장 높은 나라는 강대국 미국도 아니

Think!
부의 행복방정식

〈소비자 선택의 이론 발전〉이라는 논문으로 1970년 노벨경제학상을 수상한 폴 새뮤얼슨은 행복에 대해 재미있는 공식을 고안했다. '행복=소비/욕망' 이라는 행복방정식이다. 행복을 일정한 가치로 환산할 수 있다면 욕구를 소비로 나눈 값이라 할 수 있다. 예컨대 욕구가 100일 때 가지고 있는 자산이 50이라면 50% 정도의 행복이라 말할 수 있다. 반면 같은 조건에서 자산이 100이라면 100% 정도의 행복이라 할 수 있다. 이 등식에는 심오한 행복관이 담겨 있다. 인간의 욕망은 무한하다는 다분히 경제학적인 전제를 깔고 생각한다면 말이다.

소비를 무작정 늘리는 대신 욕망의 크기를 줄인다면 어떻게 될까? 분자인 소비를 늘리는 것이 아니라 분모인 욕망의 크기를 조절할 수 있다면 '한정된 재화로도 얼마든지 행복할 수 있다' 는 결론에 도달한다. 대부분의 사람들은 소비를 늘려야 행복할 것이라고 생각한다. 많은 돈을 지불하고 행복을 사려는 행위다. 그러나 돈을 지불하고 얻는 행복은 잠시에 불과하다. 명품가방을 사러 가는 동안은 너무나 행복하다. 그러나 그것을 내 손에 쥐는 순간 또 다른 명품가방이 내 마음을 사로잡게 마련이다.

쾌락적응 효과

우리는 새로운 것을 소유했을 때 쾌락(즐거움)을 얻는다. 하지만 그 쾌락의 원천에 익숙해지고 적응하게 되면 더 이상 즐거움을 누리지 못한다. 이를 '쾌락적응' 이라 한다. 누구나 이와 같은 경험을 가지고 있다. 더 큰 집으로 이사가거나 더 큰 차를 샀을 때와 비슷한 경우다. 이렇듯 똑같은 행위를 함에 있어 '최초' 가 가장 강렬한 기억으로 남는 사례는 무수히 많다. 첫사랑이 대표적이다. 새 옷을 처음 입은 날의 즐거움과 직장에 첫 출근할 때의 설렘도 이에 속한다. 똑같은 행위를 반복한다면 만족도는 점차 줄어들게 마련이다.

고 경제대국 일본도 아닌 저소득 국가라는 통계도 있지 않은가. 우리가 하찮게 여기는 바하마는 5위고 히말라야의 작은 나라 부탄은 8위지. 그에 비해 세계 경제교역 10위 안팎을 기록하는 우리나라는 103위에 불과하니까."

"어떤 의미에선 부끄러운 수치네요. 물질 만능주의가 해답은 아니란 거군요."

"지나친 것은 오히려 모자란 것과 같다는 옛말을 되새겨야 할 때가 아닐까 싶어."

LESSON 4
지출관리에 유용한 금융상품

입출금이 자유로운 금융상품의 필요성은 크게 세 가지로 요약할 수 있다.

첫째, 결제와 기본적인 생활비로서의 용도다. 수시로 인출하거나 돈이 들어오고 빠져나가는 일이 빈번하게 발생하기 때문에 수익보다는 환금성과 편익성이 중시되는 경우다.

둘째, 투자를 위한 대기자금으로서의 용도다. 장차 부동산 투자를 고려하고 있다고 해보자. 마땅한 매물이 없어 적당한 매물을 찾는 중이라면 준비한 투자자금을 놀려야 하는 문제가 발생한다. 그렇다고 펀드나 정기예금 등의 금융상품에 투자하자니, 만기 전에 적당한 매물이 나오기라도 한다면 고스란히 손해를 감수하거나 구매를 포기해야 한다. 이런 경우 환금성이 매우 중요하다.

셋째, 유동성 확보로서의 용도다. 대표적인 것이 비상 예비자금이다. 비교적 타이트하게 운영되는 가계재정일수록 예기치 못한 지출이나 사고가 생겼을 때 큰 타격을 받는다. 이에 대비해 비상시 유동성 리스크를 해결하기 위한 비상 예비자금을 마련해두어야 한다. 이 경우 역시 언제든 인출할 수 있는 환금성이 중시되지만 항상 일정 금액을 유지해야 하고, 빈번하게 인출하는 것은 아니므로 약간의 수익성 또한 고려하는 것이 좋다.

1. 보통예금

가장 흔하게 사용하는 입출금 전용 통장으로 가입 대상, 예치 금액, 예치 기간 등에 아무런 제한이 없다. 주로 수시입출금, 각종 이체와 결제 기능으로 사용되며 이자는 0.1~0.2% 수준에 불과해 사실상 없다고 보아야 한다. 예금자보호법에 의해 금융기관별로 합산해 5000만 원까지 보호된다.

2. 가계당좌예금

가계수표를 발행할 수 있는 개인용 당좌예금으로 모든 금융기관을 통해 1인 1계좌만 개설 가능하다. 일정한 이자가 지급되는 가계우대성 요구불예금의 일종이다. 개인과 개인사업자만 가입이 가능하며 금융기관별로 합산해 5000만 원까지 보호된다.

3. MMDA

MMDA(Money Market Deposit Account: 시장금리부 수시입출금식 예금)는 시장 실세금리에 연동해 비교적 높은 금리를 지급하면서 동시에 자유로운 입출금 및 각종 이체, 결제 기능이 결합된 상품이다. 단기간 목돈 운용 시에 유리하다. 보통예금보다는 높은 금리를 제공하지만 MMF나 CMA에 비해 낮은 금리를 적용한다. 금액에 제한 없이 통장을 개설할 수 있으며 예치금액에 따라 지급이자율을 차등해서 적용한다. 평균잔액이 500만 원을 넘으면 우대금리를 적용 받는 것이 보통이다. 금융기관별로 합산해 5000만 원까지 보호된다.

4. MMF

MMF(Money Market Fund: 단기금융펀드)는 투자신탁(운용) 회사가 운용하며 주로 양도성예금증서(CD), 단기기업어음(CP), 환매조건부채권(RP), 잔존만기 1년 이하의 국채 및 통화안정증권 등에 투자하는 일종의 실적배당형 상품이다. 채권형펀드와 유사한 특징을 가지므로 금리상승기보다는 금리하락기에 수익률이 높다. 예금자보호법 대상이 아니다.

5. CMA

CMA(Cash Management Account)는 MMF와 동일한 실적배당형 상품으로 금융기관별로 3~5% 수준의 높은 금리를 제공한다. 결제 기능 및 체크카드 등과의 연계 서비스로 직장인들에게 월급통장으로 인기가 높다.

① 종금사 CMA: 기본적인 CMA상품으로 예금자보호가 가능하다.

② RP형 CMA: 주로 증권사에서 판매하며 환매조건부채권(RP)을 기반으로 투자된다. 투자 기간에 따라 일정 기간 동안 확정금리를 제공한다.

③ MMF형 CMA: 증권사에서 판매하며 MMF와 유사한 특징을 가지고 있는 실적배당 상품이다.

금융상품별 특징

구분		취급기관	이율	예금자 보호
MMDA		은행	확정금리	보호
MMF		증권사, 은행	실적배당	비보호
CMA	종금사	실적배당	보호
	RP형	확정금리	비보호
	MMF형	실적배당	비보호

Money
Poor
Survival
Project

3
노후는 없다

사람들은 누구나 아름다운 노년을 꿈꾼다.
하지만 지혜와 성숙, 평안은
우리가 은퇴할 때 갑자기 찾아오는 것이 아니다.
―에이브라함 조슈아 허셜―

MONEY POOR SURVIVAL PROJECT

현실에서 미래와 마주하다

오 교수와의 두 번째 만남 이후 2주가 흘렀다. 각자 바쁜 나날을 보내느라 자주 만나기는 쉽지 않았지만, 재성은 문득 궁금한 것이 떠오를 때마다 이메일을 보냈다. 그러면 하루나 이틀 후에는 답장이 왔다.

달이 바뀌어 4월에 접어든 어느 날 오후, 신상품의 진열을 마치고 사무실로 올라와보니 오 교수로부터 새 메일이 도착해 있었다. 돌아오는 주말에 한번 만나자는 연락이었다.

토요일 아침. 재성은 종로3가 전철역에서 오 교수에게 전화를 걸었다. 몇 번의 신호가 가고, 오 교수의 목소리가 들려왔다.

"공원으로 나오면 큰 천막이 하나 있네. 찾기 어렵지 않을 걸세. 그리로 오게나."

천막이라니, 영문을 알 수 없었다. 그러나 일단 가볼 수밖에. 지하철역에서 올라와 사방을 훑어보았다. 예나 지금이나 여전히 사람들이 많은 거리였다. 개중에는 나이 지긋한 어른들의 수가 압도적이었다. 대학가가 청년의 거리라면 이곳은 노인의 거리 같았다.

저편에 하얀색 천막이 보였다. 가까이 가자 '사랑의 나눔 무료급식 행사'라는 큼지막한 현수막이 눈에 들어왔다. 무료급식 행사라니. 설마 저기는 아니겠지? 그렇게 생각하는 차에 오 교수의 목소리가 들려왔다.

"여기, 여길세!"

천막 안에서 손을 흔드는 사람은 분명 오 교수였다.

"교수님. 이곳엔 어쩐 일로……?"

"뭐하긴 이 사람아. 보면 모르나."

오 교수가 환한 미소로 대답했다.

"혹시 자원봉사 하시는 건가요?"

"그렇다네."

재성은 공연히 뒷머리에 손이 갔다. 자원봉사라면 대학시절 MT 삼아 갔던 농촌 자원봉사 말고는 해본 적이 없었던 것이다.

"여기 책임자가 내 친구거든. 처음에는 기부만 했지만 지금은 직접 나와서 봉사를 한다네. 바람도 쐬고, 세상 사람들 구경도 하고, 보람도 느끼고. 일석삼조 아닌가?"

무료 급식에 참여한 자원봉사자는 대략 20명가량 되었다. 재성은 오 교수를 도와 배식업무를 맡았다. 봄바람이 세찼다. 4월이지만 약간의 한기가 느껴질 정도였다. 준비가 끝나자 노인들의 줄이 길게 늘어섰다.

"새치기라도 벌어지면 대판 싸움이 일어나지요. 보이지 않는 정글의 질서라고나 할까?"

옆에서 거들던 봉사자가 중요한 정보라도 되는 듯 일러주었다. 커다란 국자로 국을 떠 담아주는 역할을 맡은 재성은 한 사람 한 사람에게 "많이 드세요"라는 인사를 잊지 않았다. 아직 쌀쌀한 기운이 완전히 가시지 않은 날임에도 노인들과 노숙자들은 여기저기 벤치에 앉거나 바닥에 웅크리고 앉아 식사를 했다.

"여기는 음식물 찌꺼기가 거의 없어요."

곁의 자원봉사자가 다시 말했다. 순간 재성은 묘한 생각이 들었다. 어쩌면 20~30년쯤 후의 내 모습이 바로 저렇지 않을까? 2시간이 지나서야 배식이 끝났다. 국자를 내려놓은 재성이 크게 숨을 골랐다.

"수고하셨습니다. 이제 우리가 식사를 할 차례네요."

그제야 시장기가 몰려들었다. 재성을 비롯한 자원봉사자들이 공원 구석에 앉아 늦은 점심을 들었다. 곁에 앉은 오 교수가 빙긋 웃었다.

"할 만 하던가? 다짜고짜 불러내 힘든 일을 시켜 미안하군."

"아닙니다. 처음에는 약간 어리둥절했지만, 그래도 뿌듯하네요. 고작 반나절 일했을 뿐이지만."

"그렇다면 다행이군."

"매일 이렇게 하나요?"

그러자 함께 식사를 하던 다른 봉사자가 대답했다.

"예, 하루도 빠지지 않고요. 자원봉사자들이 돌아가면서 날을 정해 수고해주시죠."

"어르신들은 하루에 몇 분이나 오나요?"

"저희가 준비하는 게 하루 1000명 정도의 식사량입니다. 늦게 오면 못 드시는 분들도 꽤 돼요."

1000명이란 숫자도 놀랍지만 그럼에도 점심을 먹지 못하는 사람도 있다는 사실이 더욱 놀라웠다. 가슴이 답답해질 정도였다.

유종의 미

"표정이 밝지 않군."

"예. 교수님. 그냥 이것저것 여러 가지 생각이 들어요."

식사를 마친 두 사람은 자판기 커피를 한 잔씩 뽑아 들고 한적한 벤치에 앉았다.

"당연하겠지. 여러 생각이 교차하는 것도."

"……"

"내가 봉사활동을 시작한 계기가 뭔지 아나? 마음을 다잡는 동기부여가 되기 때문이네."

"동기부여?"

"나도 결국 사람일세. 보지 않으면 그 심각성을 깨닫지 못하거나 무뎌지게 마련이지. 그럴 때마다 현실 속에 들어가 뭔가 경험하면, 다시 한 번 마음을 다잡게 되니까."

재성이 고개를 끄덕였다.

"저도 이제 시간이 날 때마다 봉사활동에 참여할게요. 아니,

시간을 만들어서 꼭 하겠습니다."

오 교수가 미소를 지었다.

"지난번에, 인생 전반에 걸친 장기 재무플랜이 왜 필요한지 설명했지?"

"장기적 재무플랜 없이 단기적 재테크에만 연연하면 은퇴 시기에 심각한 문제가 발생한다고 말씀하셨습니다."

"정확히 기억하고 있군."

"그리고 '유종의 미'에 대해서도 말씀하셨죠. 똑같이 배고프고 불편해도 젊어서 겪는 것과 늙고 병들었을 때의 상황은 다를 수밖에 없다고. 때문에 은퇴 시기는 '돈이 있고 없고의 문제를 넘어서는 생사의 문제'라 하셨죠. 솔직히 그때는 교수님 말씀을 심각하게 받아들이지 않았는데, 오늘 절실히 느껴지네요."

고개를 끄덕여 보인 오 교수가 어딘가를 물끄러미 바라보았다. 건너편 벤치에 노인들이 삼삼오오 모여 바둑을 두고 있었다.

"저 노인들 중에도 계급이 존재한다는 사실을 알고 있나?"

"계급이요? 무슨 말씀이신지."

"내기 바둑을 두는 노인은 A급, 옆에서 훈수를 두는 노인은 B급, 개평으로 커피 심부름을 하는 노인은 C급이라 하더군."

재성의 얼굴에 쓸쓸한 미소가 번졌다.

"자네 3층 보장체계라는 말 알지?"

"언뜻 들어보긴 했지만……."

"은퇴보장체계를 말하는 거야. 국가보장 성격의 국민연금,

사회보장 성격의 기업연금, 개인보장 성격의 개인연금을 합쳐 노후를 위한 3층 보장이라 하지. 외국에서 들어온 개념이라 우리나라 실정에 딱 들어맞지는 않네만."

"그렇다면 우리나라에는 다른 특별한 것이 있다는 말씀인가요?"

"우리나라의 실정을 고려하면 한 가지를 더 추가해야 맞겠지."

"그게 뭐죠?"

"대표적인 암묵적 사회관습에 해당하는 효(孝)라네. 국가보장, 기업보장, 개인보장(또는 저축)에 효를 덧붙여 4층 보장을 만들어야 정확하지 않을까."

재성은 수긍의 의미로 고개를 끄덕였다.

"〈동물의 왕국〉이란 프로그램 기억하나?"

"어렸을 때 많이 봤죠."

"동물의 세계에서 늙으면 어떻게 되는지 알겠군."

순간 말문이 막혔다. '동물들의 늙음'에 대해서는 한 번도 생각해본 적이 없었던 것이다.

"하하. 늙으면 죽는 거지. 뭘 그렇게 고민하나!"

오 교수가 너털웃음을 터뜨렸다.

"난센스 퀴즈였나요?"

"그건 아닐세. 사람들은 대부분 늙으면서 노환이나 질병, 사고로 죽게 마련이지. 재미있는 사실은 동물의 경우, 이렇다 할 병이 없어도 대부분 굶어죽는다는 사실이네."

"굶어죽어요?"

"먹이를 구할 힘이 없으면 속절없이 굶어죽어야지 어쩌겠나! 이는 밀림의 왕인 사자나 하늘의 왕 독수리도 예외가 아니라고 하더군."

"……."

"반면 사람은 어떨까? 늙어 힘이 없어져도 오히려 더 활발한 삶을 사는 사람들이 많지. 이 같은 일이 가능한 대표적 이유 중 하나가 바로 저축이란 제도로 부의 이전을 가능하게 했기 때문이네. 젊었을 때 남는 부를 늙고 힘이 떨어지는 미래로 이전함으로써 더 오래 살아갈 수 있도록 한 것이지."

"저축을 통한 부의 이전이라. 정말 유용한 제도네요."

"사람은 화폐와 저축이란 제도를 만들어 현재 자산의 일부를 미래로 이전하는 것을 가능하게 했어. 금융시스템의 발전과 더불어 아주 먼 미래인 노후까지 부의 이전이 가능하게 되었지. 어찌 보면 금융은 인간이 만든 가장 위대한 발명품 중 하나일 걸세. 만약 동물들이 이러한 시스템을 가질 수 있었다면 지금보다 훨씬 더 오래 살았을지도 몰라. 어디 그뿐인가. 인간이란 참으로 영악한 존재라서 그 외에도 여러 가지 안전장치들을 마련해놓았다네."

"구체적으로 어떤 것들이 있나요?"

"예를 들면 사회보장제도 같은 것들이지. 사람은 강제적 규약에 해당하는 국가를 만들고, 국가를 통해 자신이 늙거나 병들었을 때 보살펴줄 수 있는 사회보장제도를 만들었네. 이 또한 늙고 병들어도 동물보다 오래 살 수 있는 하나의 안전장치라 할 수 있지. 이런 제도를 통해 젊고 힘이 있을 때는 내가 가진 것의 일부를 늙은 사회 구성원에게 나누어주고, 반대로 내가 늙고 병들면 젊고 힘 있는 이들의 일부를 내가 받아 살아가는 거야. 일종의 '강제계약적 부양제도' 라 할 수 있네."

"국민연금, 국민건강보험 같은 사회보장제도를 말씀하시는 거군요?"

"맞아. 이마저도 불안했던 사람들은 효라는 암묵적 사회관습 시스템을 만들어 왕성한 경제활동을 하는 자녀들에게 노후의 삶을 보장받을 수 있도록 했지."

"가족이라면 당연한 의무 아닐까요."

"자네 말처럼 대한민국 사회에서는 당연한 것이라 생각할지도 모르겠군. 하지만 모든 국가가 그런 것은 아닐세. 노후의 생활비 등을 자녀에게 무상으로 제공받는 비율이 독일은 1%, 미국은 0%에 가깝다는 것을 감안하면 한국과 같은 유교권 국가 일부에만 특별하게 자리 잡은 시스템이라 할 수 있지."

"그런 시스템은 많으면 많을수록 좋은 것 아닌가요? 분산투자가 중요하듯 노후보장 시스템 또한 많을수록 리스크를 줄일 수 있으니까요."

"이런 제도들이 나쁘다고 말한 적은 없네. 과거 우리나라를 보면 효라는 시스템 하나만으로도 국가의 사회보장비용 지출 없이 노후문제를 해결할 수 있었지. 이는 일반적인 서구 국가들 입장에서 보면 절대로 이해할 수 없는, 말 그대로 환상적인 시스템이었어. 하지만 이는 우리나라가 노후문제에 대한 사회적 준비를 다른 나라에 비해 소홀히 하도록 만든 장본인이기도 하네."

"아, 우리가 믿었던 효라는 환상적인 시스템이 오히려 발등을 찍을 거라는 말씀인가요?"

"물론 부정적인 부분만을 이야기하고자 하는 건 아니네. 자네 혹시 4-2-1 증후군이라는 말을 들어봤나?"

"처음 듣습니다."

"4명의 조부모와 2명의 부모가 한 아이에게 매달리고 떠받드는 것을 일컫는 말이네. 한마디로 자녀 키우기 참 좋은 세상이라 할 수 있지. 하지만 반대로 생각해보게. 이는 곧 멀지 않은 미래에 '1-2-4 증후군'으로 돌아올지도 모른다는 사실을 내포하고 있네. 1명의 자녀가 6명의 부모를 부양해야 하는 시대 말이야."

Think!

4-2-1 증후군

어떤 부모든 자녀에게 짐이 되기를 원하는 부모는 없다. 늙어서 자녀의 도움을 받아야만 하는 상황을 원하는 부모는 더더욱 없다. 그러므로 자신의 노후를 충실히 준비해야 한다. 하지만 우리의 현실은 어떠한가? GDP 대비 '노인빈곤율 1위' '자녀 사교육비 1위'라는 모순된 타이틀에 대해 고민할 필요가 있다.

'4-2-1 증후군'은 4명의 조부모(할머니, 할아버지, 외할머니, 외할아버지)와 2명의 부모(아빠, 엄마)가 한 아이에게 매달리고 떠받드는 것을 일컫는 말이다. 하지만 이는 가까운 미래에 '1-2-4 증후군'으로 돌아온다. 1명의 자녀가 6명의 부모를 부양해야 하는 시대가 오는 것이다.

LESSON 5
노후 3층보장체계란?

우리나라는 노후를 위한 연금을 크게 3층 형태로 구분하고 있다. 3층보장체계란 무엇을 말하는 것일까?

1층: 국가보장 국민연금

1988년 도입된 국민연금제도는 18세 이상 60세 미만을 대상으로 한다(공무원, 군인, 교직원 등은 제외). 사업장 가입자(직장 가입자), 지역 가입자, 임의 가입자로 구분하며 연금급여는 지급 방법에 따라 노령연금, 장애연금, 유족연금 등으로 구분한다. 노령연금은 완전노령연금, 감액노령연금, 조기노령연금, 재직자노령연금, 특례노령연금으로 나눈다. 가장 대표 격인 완전노령연금은 가입기간이 20년 이상이고 60세 이상(2013년부터 5년마다 1세씩 상향)이 되면 지급받을 수 있다. 장애연금은 가입 중 발생한 질병(또는 상해)으로 인해 신체(또는 정신)의 장애가 발생한

연금 종류와 내용

종류	구분	주요 내용
노령연금	완전노령연금	20년 이상 가입
	감액노령연금	10년 이상 20년 미만 가입
	재직자노령연금	10년 이상 가입자가 60세에 소득이 있는 경우
	조기노령연금	10년 이상 가입, 55세부터 수령 시, 무소득
장애연금	1~3급	장애연금 지급
	4급	기본연금의 225% 일시 지급
유족연금		10년 이상 가입, 사망 또는 2급 이상 장애 시

사람에게 지급한다. 유족연금은 가입자, 가입 기간이 10년 이상인 가입자였거나 노령연금 또는 장애등급 2급 이상의 장애연금을 지급받던 수급권자가 사망 시 유족에게 지급하는 연금이다.

2층: 기업보장 퇴직연금

2005년 12월에 도입되었으며 같은 퇴직연금이라 해도 2가지 형태가 있다. 확정급여형(DB형: Defined Benefit)과 확정기여형(DC형: Defined Contribution)이다. 확정급여형은 가입기간(근로연수)과 퇴직 시의 급여 등에 의해 근로자가 받는 퇴직급여(연금액)가 확정되는 퇴직연금이다. 일정한 연금을 지급하기로 약속되었기 때문에 운용 실적이 좋으면 회사가 이익을 보고, 운용 실적이 나쁘면 손해를 본다. 근로자 입장에서는 운용 실적의 책임이 전적으로 회사에 있기 때문에 신경을 쓰지 않아도 된다.

확정기여형은 기업이 매년 부담해야 하는 일종의 기업부담금이 확정되어 있는 형태다. 기업이 내는 돈이 확정되어 있기 때문에 운용 실적이 좋으면 연금액이 늘어나고, 실적이 나쁘면 연금액이 줄어든다. 자금 운용 주체는 회사가 아니라 개인이므로 자금을 어느 회사에 어떻게 운용할 것인가를 근로자가 선택할 수 있다. 이에 따른 책임 역시 개인의 몫이다.

어떤 방식이 더 좋다고 말할 수는 없다. 확정급여형은 기존의 퇴직금 제도와 유사한 특성으로 인해 장기간 근속할수록, 급여 상승률이 높을수록 유리하다. 확정기여형은 적립금의 주체가 근로자 개인에게 귀속된다는 특성으로 인해 비교적 리스크가 높은

퇴직연금별 특징

구 분	확정급여형(DB형)	확정기여형(DC형)
개 념	사전에 연금급여 확정	사전에 회사가 부담할 기여금 확정
기 여 금	산출기초율에 따라 변경	근로자 연급여의 1/12 이상
연금급여	확정(법정퇴직금 수준 이상)	적립금 운용 결과에 따라 변동
위험부담	회사 부담	근로자 부담

중소기업이나 이직이 잦은 근로자에게 유리하다. 하지만 이는 평균적인 상황일 뿐 개개인의 환경에 따라 달라지므로 신중하게 선택해야 한다. 퇴직연금이 도입된 지 7년여밖에 되지 않았지만 급여방식과 운용 결과에 따라 2배까지 차이가 나고 있다.

3층: 개인보장 개인연금

개인연금은 세제적격 연금상품과 세제비적격 연금상품으로 나눈다. 세제적격 상품으로는 연금저축보험, 연금저축신탁이 대표적이다. 국민 개인의 노후생활 안정을 목적으로 도입되었으며 두 상품 모두 연간 납입액에 대해 최대 400만 원까지 소득공제 혜택을 제공한다. 가입 대상은 만 18세 이상 국내 거주자이며 10년 이상의 적립 기간과 55세 이후 연금수령을 기본 조건으로 한다.

연금저축보험은 전형적인 금리형 상품으로 생존 기간에 관계없이 사망 시까지 지급되는 종신연금형 급부를 선택할 수 있다(손해보험 제외). 반면 연금저축신탁은 실적배당형 상품(최악의 경우에도 원금보전 가능)으로 5년, 10년, 15년, 20년 등으로 일정 기간 연금을 지급하는 확정급여형 연금만 선택 가능하다.

균열되는 피라미드

식사를 마친 자원봉사자들이 마무리 작업을 시작했다. 식판과 음식 통을 모두 수거해 차에 싣고 배식대를 정리하는 등의 잡일이 만만치 않았다. 모든 일을 마치고, 오 교수가 재성의 어깨를 두드렸다.

"수고 많았네."

"뭘요. 교수님이야말로 고생 많으셨습니다."

"괜찮다면 지금 함께 학교로 가면 어떤가?"

"상관없습니다. 그런데 댁이 아니라 학교입니까?"

"세미나 준비도 해야 하고, 보여줄 자료가 내 연구실에 있거든."

오 교수의 차를 타고 한국대학으로 향했다. 대학 캠퍼스를 찾기는 학교 졸업한 후 처음이었다. 연구실로 들어온 두 사람, 탁자에 마주앉아 커피를 마시면서 대화를 시작했다.

"교수님, 고령화 같은 인구구조의 변화가 부양해야 할 노인들이 늘어나는 문제로 직결된다는 것은 이해가 됩니다. 하지만 단순히 인구구조가 변하는 것이 정말로 심각한 문제일까요? 국민소득이 높아지면 자연스레 소득도 늘고, 사회복지 예산도 늘어나지 않을까 싶은데요."

"인구구조의 변화는 자네가 생각하는 것처럼 그리 간단한 문제가 아닐세."

오 교수는 종이 한 장을 집어 삼각형으로 접었다. 그러고는 탁자 위에 세웠다.

"이게 무엇으로 보이나."

"글쎄요, 삼각형?"

"내가 손재주가 없어서 말이지……. 혹시 피라미드 본 적 있나?"

"아, 피라미드!"

"5년 전에 카이로를 방문한 적이 있어. 잠시 시간을 내 피라미드를 구경했는데, 거대한 돌 230만 개를 차곡차곡 쌓아 올린 그 규모에 저절로 감탄사가 흘러나오더군. 4700년이란 세월이 지나도 견고하게 버티고 서 있는 세계 최고 건축물의 힘이 무엇인지 아나? 위에서 아래로 내려갈수록 떠받치는 돌의 개수가 기하급수적으로 늘어나는 구조지. 우리 인구구조의 해답도 바로 이 피라미드에 있다네."

"피라미드에 해답이 있다고요?"

"자네 말처럼 대비만 잘되어 있다면 인구구조의 변화 자체가 노후를 위협하는 직접적 원인은 아닐지도 모르지. 하지만 인간이 늙고 병들어 힘이 없을 때를 대비하기 위한 여러 가지 보호장치들이, 기본적으로 이 피라미드 구조를 전제로 만들어졌다는 점을 인식할 필요가 있어."

"무슨 말씀이신지……."

"십시일반(十匙一飯)이라는 말 알지?"

"알죠. 일종의 상부상조 개념이잖아요."

"사회보장제도는 대부분 이 원리에 의해 만들어졌지. 굳이

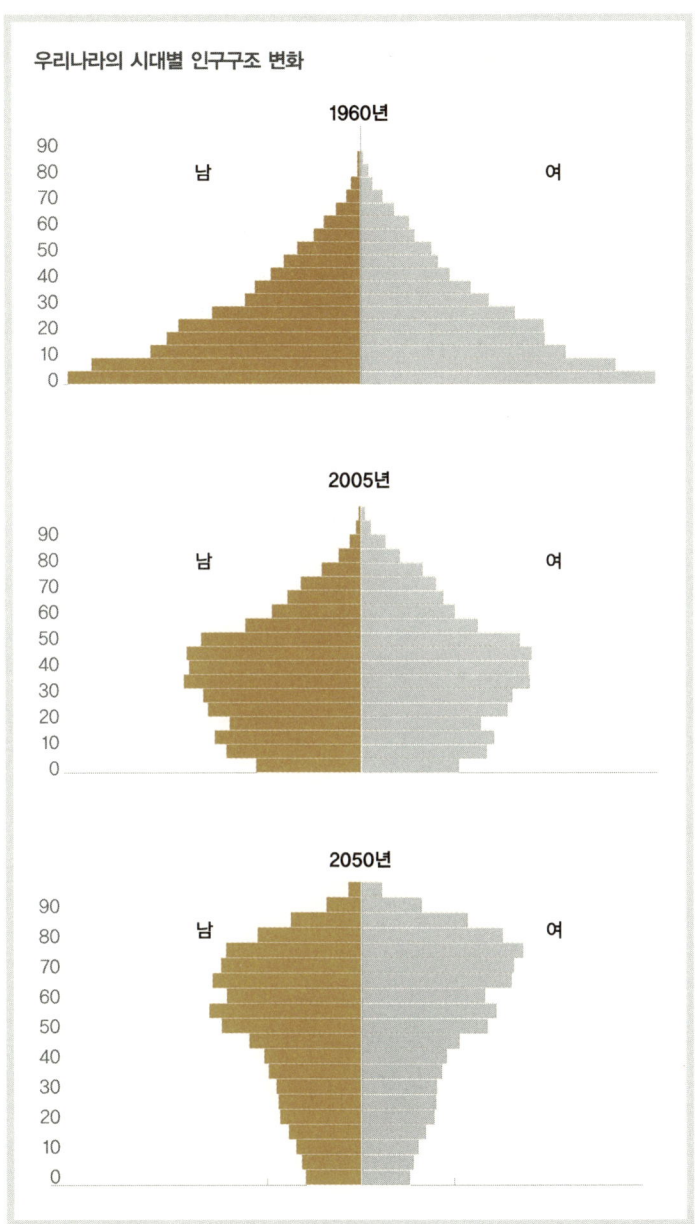

차이라면 십시일반처럼 모두 똑같이 내는 것이 아니라 넉넉한 사람이 조금 더 내는 것 정도겠지. 그런데 십시일반의 원리가 잘 지켜지기 위해서, 한 가지 전제가 필요하네. 뭔지 아는가?"

"글쎄요. 딱히 떠오르는 게 별로."

"받는 사람보다 보태는 사람이 훨씬 많아야 한다는 사실이지. 마치 피라미드 구조처럼."

그제야 재성이 고개를 끄덕였다.

"10명이 1명을 부양할 때는 한 술씩만 내놓으면 되니까 자신의 몫에서 한 숟가락 더는 것은 그리 어려운 일이 아니지. 하지만 반대의 경우가 된다면 어떨까?"

"그렇게 되면 가진 것을 전부 내줘야 할 텐데, 누가 봐도 불가능하겠는데요."

"아마 그렇겠지? 내 것을 덜어 상대의 그릇을 채워주기 위해선 모든 걸 내놓아야 하네. 이쯤 되면 더 이상 십시일반이란 단어는 통용되지 않을 걸세."

"그 정도 상황이라면 흔히 말해 '너 죽고 나 죽자'가 되지 않을까요?"

"그럴지도 모르겠군."

오 교수가 서글픈 웃음을 지었다.

"경제력의 일부를 나누어 노인을 부양한다는 취지는 좋지만 노인들이 많아지고 경제인구가 줄어들면 큰 혼란이 오겠군요."

"당장 혼란은 오지 않겠지만 제도와 시스템, 인식의 변화가 찾아오겠지."

"얼마 전 신문을 보니 이 같은 베이비붐 세대는 우리나라에만 존재하는 문제가 아니던데요? 우리나라보다 먼저 고령화를 겪은 선진국들은 사회보장제도를 잘 정비해 운영하고 있지 않습니까?"

"베이비부머는 우리나라만의 문제가 아닐세. 제2차 세계대전을 겪은 후, 강력한 출산장려 정책에 힘입어 우리나라보다 약 10여 년 앞선 베이비붐 세대가 존재하는 나라들이 많네. '복지국가' 하면 가장 먼저 떠오르는 나라가 어디인가?"

"당연히 스웨덴이죠."

"맞아. 세계에서 가장 일찍 국가연금제도를 실시한, 복지를 국가의 상징으로까지 여겨온 나라지. 복지국가의 대명사로 불렸던 그 스웨덴도 역시 1999년 연금개혁을 단행했다는 사실을 알고 있나? 스웨덴뿐만 아니라 제2차 세계대전이 종전을 맞은 지 어느덧 65년이 지나면서, 베이비붐 세대들이 본격적으로 은퇴를 하기 시작했네. 덕분에 최근 유럽의 주요 국가들 역시 연금제도 개혁이라는 사회문제로 골머리를 앓고 있지."

"그렇지만 우리나라에는 암묵적 노후보장제도라 할 수 있는 효가 있잖아요."

"이미 말했듯, 효 역시 역사적인 흐름을 탈 것이네."

재성이 고개를 갸웃거렸다.

"제 생각에, 효는 인구구조나 사회보장제도 등과는 관계없는 자식과 부모 간의 관계로 생각되는데요. 효가 변한다면, 자식들을 잘 키우지 못한 부모들의 책임이 크지 않을까요?"

"어떤 의미에서는 그렇게 생각할 수도 있지만, 그것은 개인의 감정에 불과하네. 참고로 내 이야기를 들려주지. 내 부모님은 5형제를 낳으셨네. 그 시절 대부분의 가정이 그랬지. 적으면 4형제부터 많게는 10형제를 둔 친구들도 간혹 있었고. 덕분에 요즘엔 각자 가진 것을 조금만 내놓으면, 넉넉하진 못하더라도 최소한의 부모 공양은 충분히 가능하다네. 반면 요즘은 어떨까?"

"요즘이야 뭐, 다들 한 명 아니면 둘이죠."

"그렇지? 현재 우리나라 출산율이 1.1명 수준이니 둘이 결혼해서 거의 하나를 낳아 기르는 시대야. 거꾸로 말하면 한 명의 자식이 두 명의 부모를 공양해야 하는 시대가 왔다는 의미지. 우리 세대에 비해 몇 배의 짐을 지게 된 거야. 그뿐 아니네. 그 자녀는 집안에서뿐 아니라 물론 사회적으로도 훨씬 무거운 짐을 짊어지고 살아야 하네."

"어째서 그렇죠?"

오 교수가 컴퓨터에서 자료를 찾아 재성에게 보여주었다.

"여길 보게. 통계청의 장래인구추계 자료에 의하면 노년부양비가 2007년의 15%에서 2030년 38%, 2050년에는 무려 72%로 증가할 것이라는 충격적인 사실을 예고하고 있어. 현재는 경제가능인구 8명이 1명의 노인을 부양하면 되지만, 2030년에는 약 3명이 1명을, 2050년에는 1.4명당 1명의 노인을 사회적으로 부양해야 한다는 것을 의미하네."

"1.4명당 1명이요? 거의 1:1이나 다름없네요?"

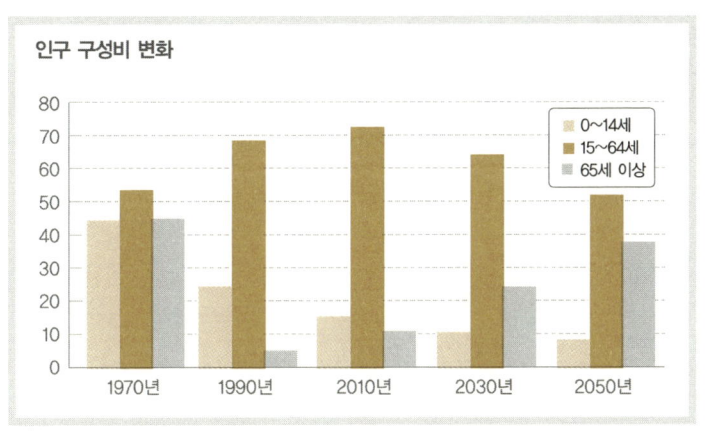

"이러한 구조 변화는 엄청난 사회비용을 발생시킬 확률이 크고, 그것은 향후 우리 자녀들의 몫이 되겠지."

"지금도 먹고살기 힘든데 우리 자녀들은 더욱더 힘든 시대를 살아가겠네요."

"맞아. 자녀들의 효에 노후를 맡기는 사람이 있다면, 오히려 이상한 사람으로 취급받는 시대가 곧 올 거야."

오 교수는 똑바로 세웠던 삼각형을 거꾸로 세워보였다. 삼각형은 곧 쓰러졌다. 한 손으로 역삼각형을 잡은 그가 재성에게 물었다.

"자, 어떻게 보이는가?"

"역피라미드군요. 위태로운 느낌이 들어요."

"불과 20~30년 후에는 이런 구조가 되어버릴지도 모른다네. 이런 위태로운 변화는 지금까지 유지되어온 사회보장제도는 물론 효라는 전통 인식까지 무너뜨릴 가능성이 매우 높지. 인구구조가 변하고 세상이 변한다 해도, 대부분의 사람들에게 공적연금제도는 여전히 노후준비의 기본 축을 담당할 걸세. 하지만 공적연금이나 자식만 믿고 노후준비에 안이하게 대처하는 사람들이 큰 고통을 겪게 될 거란 사실은 확실하지."

끝내기 역전승을 꿈꾸며

캠퍼스에 어둠이 깔리고 있었다. 재성은 창문 너머 풍경을 물끄러미 바라보았다.

"현실은 이러한데, 과연 사람들은 노후준비를 잘하고 있을까?"

"글쎄요, 다들 나름대로 준비하고 있지 않을까요?"

"노후준비에 대한 통계청 조사 자료에 의하면 '노후준비를 하고 있다'고 답한 사람이 전체 응답자의 73%에 이르더군."

"역시 꽤 많은 사람들이 노후준비를 하고 있군요."

"70%의 사람들이 노후준비에 대해 조금이나마 인식하고 있다는 점은 그나마 다행이라 할 수 있지. 그러나 그 속을 자세히 들여다보면 실상은 그리 밝지 않다네. 70%의 사람들 중 '노후를 위해 매월 50만 원 이상을 투자하고 있다'는 사람은 40%에 불과했다네."

"결국 만족할 만한 노후 대비를 하고 있는 사람은 전체 인구의 30%에 불과하다는 거네요?"

"현재 우리나라의 노인 소득빈곤율은 OECD 국가 중 최고 수준이야. 이는 반대로, 이들을 부양하기 위해 훨씬 많은 사회경제적 비용이 필요하다는 이야기가 되겠지. 지금의 현실도 이러한데 베이비붐 세대의 은퇴가 본격적으로 시작된다면 어떻게 될까?"

"사회경제적 비용을 나라가 해결해줄 것이란 기대는 일찌감치 버리는 게 현명하겠군요. 그렇다면 은퇴 후에도 일을 하는 방법밖에 없으려나."

"어찌 보면 그게 가장 현명하고 현실적인 대안이 될 수 있네. 현재 상황에서 은퇴를 최대한 늦추는 것이야말로 최선의 대안이지. 하지만 이 역시 실제로는 현실성이 떨어지는 이야기야."

"멋진 일을 하긴 힘들겠지만 아파트 경비나 소일거리 정도는 얼마든지 가능하지 않을까요?"

"고령화가 더욱 심각해지는 미래에는 노후에 일자리 얻는 것도 결코 쉬운 일이 아니네."

"지금이라도 계획을 세우고 조금씩 준비하는 것이 최선의 대안이겠군요."

"매번 이야기하지만 아무런 노력 없이 짠! 하고 이루어지는 마법 같은 일은 경제학에 존재하지 않아. 토끼가 거북이를 이기려면 거북이보다 열심히 뛰는 것밖에 없지."

"확실히 이해가 되었습니다. 우선 저부터 시작해야겠는데요."

"질문 하나 더 해보지. 최근 사망률 증가 원인 1위가 뭔지 아나?"

"암 아닌가요?"

"내 질문을 잘못 들었군. 사망률 1위가 아니라 증가율 1위를 물었네."

"증가율 1위…… 무엇인가요?"

"바로 자살일세."

"안타까운 일이네요. 경제는 나아지는데 살기는 더 힘들어져 가는 느낌이에요."

"경제발전에 비해 삶의 질은 향상되지 않았다는 증명이지. 자살 통계를 조금 더 해부해보면 놀라운 사실을 알 수 있다네. 자살률 증가의 대표 요인이 바로 '노인의 자살'이란 사실이지."

재성이 한숨을 내뱉었다.

"10만 명당 노인의 자살자 수가 연간 1000명에 육박한다는 통계도 있다네. 하루에 약 30명 가까운 노인이 자살한다는 엄청난 수치지. 또한 이는 질풍노도의 시기라는 청소년 자살의 10배에 해당하네."

"청소년의 10배라고요? 말도 안 돼요!"

"믿기 어렵겠지만 사실이야. 노인의 자살 동기를 분석한 결과는 더 심각하다네. 지병, 질환으로 인한 신병비관 45%, 생활고, 채무, 빚 등 16%, 자녀에 대한 부담 9% 등이 주요 원인으로 나타났네. 이 사실을 요약하면, 경제력 상실로 인한 개인적 혼돈과 무력감으로 스스로 목숨을 끊는 경우가 대부분이란 결론이 되지."

"결국 경제력 상실이 문제군요."

오 교수는 자리에서 일어나 창가로 다가왔다. 그러고는 재성이 그렇게 하듯 어둠이 서서히 깔리는 캠퍼스를 응시했다.

"지난번 우리 집에 왔을 때, 바둑 이야기 한 것 기억하나?"

"바둑이 인생의 축소판이라 하셨던 말씀이요?"

"그래. 바둑에서 초반에 돌을 벌여놓는 일을 뭐라고 하는지 아나?"

"포석이라 하지 않나요."

"처음에는 이 포석이라는 놈이 별로 눈에 띄지 않지. 하지만 게임이 종반으로 흘러갈수록 포석을 잘 놓은 경기가 쉽게 풀리는 것을 알 수 있다네. 포석을 인생에 비유한다면 인생 전반에 걸친 재무플랜이라 할 수 있지 않을까."

"……."

"포석만큼이나 분명히 게임의 승패를 결정짓는 중요한 요소가 또 하나 있지. 바로 끝내기일세. 끝내기에서 욕심을 부리다 악수를 두면 상대의 함정에 걸려 한순간에 패배할 수도 있고, 불리한 게임도 끝내기를 잘하면 역전승을 거둘 수도 있으니."

"인생으로 비유하자면 은퇴 이후의 삶이 바로 끝내기가 되겠네요. 인생의 마지막을 잘 보내는 것이 무엇보다 중요하다는 뜻이군요."

LESSON 6
은퇴자금, 얼마나 필요할까

매년 발표되는 통계치를 보면 국민 평균수명이 해마다 늘어나고 있다. 평균수명은 이미 80세를 넘어섰으며 의료기술 역시 하루가 다르게 발전하고 있다. '웰빙'이라는 단어가 화두가 될 정도로 건강에 대한 관심이 지속적으로 높아가고 있다. 이 같은 상승세라면 평균수명 90세 시대도 그리 먼 이야기만은 아니다.

기대수명 변화

	1971년	1990년	2010년	2030년	2050년
기대수명 계	62.3	71.3	79.6	83.1	86
남자	59	67.3	76.1	79.8	82.9
여자	66.1	75.5	82.9	86.3	88.9

자료: 통계청

일반적인 60세를 은퇴 기준으로 본다 해도 이후로 약 30년이란 시간을 보내야 하는 것이다. 사오정, 오륙도라는 사회 풍조까지 감안한다면 퇴직 후 길게는 40년까지 사는 시대가 자칫 암담해질 수 있다.

이 시간을 어떻게 보내야 할까? 물론 정답은 없다. 하지만 한 가지 확실한 사실은, 만약 이 시간을 불행하게 보낸다면 지긋지긋한 노후가 찾아오리라는 점이다. 여기에 대처하는 하나의 방법으로 《How to Be Happy-행복도 연습이 필요하다》라는 책에 실린 내용을 소개한다.

> **은퇴 후 행복을 높이는 방법**
> ① 하루에 30분씩 일주일에 3번 이상 운동을 하면 행복감을 높일 수 있다.
> ② 친구를 사귀어라. 대화를 나누는 것은 행복에 도움이 된다.
> ③ 식물을 가꾸거나 애완동물을 키우는 것은 안정감을 준다.
> ④ 활동적인 취미를 가져라.
> ⑤ 유쾌하게 자주 웃어라. 웃음은 만병통치약이다.
> ⑥ 매일 누군가에게 작은 것이라도 친절을 베풀어라.
> ⑦ 기본적인 생활이 해결될 정도 이상의 돈은 행복과 비례하지 않는다는 점을 명심하라.

물론 행복한 삶에는 정답이 없다. 그러나 거창한 곳에만 행복이 있는 것은 아니다. 특히 기본적인 생활을 해결할 수 있는 돈 이상의 경제력은 행복의 척도가 되지 않는다는 점을 기억하라. 거꾸로 말하면, 기본적인 생활을 해결할 수 있는 돈이 있어야 행복이 가능하다. 그렇다면 기본적 생활을 해결하려면 어느 정도의 돈이 필요할까?

연세대 황상민 교수의 〈은퇴준비 설문조사〉 연구에 따르면 '은퇴 후 적정생활비는 얼마 정도인가?' 라는 질문에 40%가 200만 원이라 답했다. 2위는 300만 원으로 24%, 3위는 150만 원으로 21%를 차지했다.

한 은행에서는 이러한 광고 문구를 붙여놓기도 했다. '늙으면 돈이 효자요. 친구다!' 연금상품 판매를 위한 광고 문구였지만 대부분의 사람이 이 문구에 동의할 것이다.

"부모 재산과 자식들 얼굴 보는 횟수는 비례한다"는 웃지 못할 우스갯소리가 있다. 물론 부모를 향한 자녀들의 마음은 예나 지금이나 변함이 없으리라. 하지만 가난한 부모를 둔 자녀의 마음은 편치 못하다. 돈이 없으면 자식에게도 천대를 받는 것이 현실이다.

노후생활 기간 20년 기준

삶의 수준별 필요 생활자금		아름다운 노후생활	여유로운 노후생활	만족스런 노후생활
기본 생활 비용		1440만 원 (120만 원×12개월)	1440만 원 (120만 원×12개월)	1440만 원 (120만 원×12개월)
여유생활비용	취미, 운동	480만 원 (20만 원×2회×12개월 월 1~2회 골프)	240만 원 (10만 원×2회×12개월 수영 등산 등)	120만 원 (5만 원×2회×12개월 등산 기타)
	헬스클럽 회비	200만 원	–	–
	차량 유지비	480만 원 (40만 원×12개월)	360만 원 (30만 원×12개월)	240만 원 (20만 원×12개월)
	경조사 등 모임 비용	540만 원 (15만 원×3회×12개월)	360만 원 (10만 원×3회×12개월)	180만 원 (5만 원×3회×12개월)
	외식비	480만 원 (20만 원×2회×12개월)	240만 원 (20만 원×1회×12개월)	120만 원 (10만 원×1회×12개월)
	국내외 여행비	1000만 원[800만 원(해외)+200만 원(국내)]	500만 원[350만 원(해외)+150만 원(국내)]	300만 원[200만 원(해외)+100만 원(국내)]
	소계	3180만 원	1700만 원	960만 원
연간 노후 생활자금		4620만 원	3140만 원	2400만 원
월 노후 생활자금		385만 원	262만 원	200만 원
총 필요자금		약 10억 원	약 7억 원	약 5억 원

자료: LG경제연구소

Money
Poor
Survival
Project

4
아플까봐
걱정이다

투자의 제1원칙은 돈을 잃지 않는 것이다.
투자의 제2원칙은 제1원칙을 잊지 않는 것이다.

― 워렌 버핏 ―

MONEY POOR SURVIVAL PROJECT

우울한 퇴근길

오늘 따라 사람들 엄청 많네. 승강장에 선 재성이 사람들을 바라보며 나직이 중얼거렸다. 힘든 하루 일과를 마치고 집으로 돌아가는 귀갓길. 퇴근시간의 지하철역은 여지없이 많은 사람들로 분주했다.

재성은 스마트폰을 꺼내 들었다. 그리고 주가를 확인했다. 오 교수와의 만남 이후 그는 자신의 잘못된 투자 방식을 거듭 깨달을 수 있었다. 그래서 손해 본 주식은 대부분 손절매해 현금화하고, 일부는 몇몇 우량 주식을 정해 다시 분산투자했다. 통장 관리 시스템을 만들어 현금흐름을 개선하고 마이너스통장은 정리했다. 오 교수의 조언에 따라 목표를 정하고, 각각의 목적에 맞게 자산을 배분하고 적절한 목표수익률을 정한 다음, 그에 맞는 자산배분 계획을 구상했다. 아직은 시작 단계라 이렇다 할 성과를 올리지는 못했다. 그러나 새로운 인생 목표를 정하고 준비한다는 사실만으로도 새로운 희망이 싹트는 느낌이었다.

이런저런 생각에 잠겨 있던 재성의 머릿속에 문득 최진상이 떠올랐다. 녀석이 알려준 정보로 인해 큰 손해를 입고는 '다시는 상종하지 않겠다' 고 다짐한 게 벌써 두 해 전이다. 시간이 지나서 곰곰 생각해보니 손해를 본 근본적인 이유는 그 친구 때문만이 아니었다. 욕심에 눈이 멀었던 자신의 탓이 컸다. 휴대폰에서 진상의 번호를 찾아 통화 버튼을 눌렀다. 하지만 '연결이 되지 않습니다' 라는 메시지만 흘러나올 뿐이었다.

'이 녀석, 혹시 무슨 일 있는 것 아닐까?'

갑자기 궁금한 생각이 들어, 다른 대학 동창의 번호를 찾아 버튼을 눌렀다. 몇 마디 인사말을 하고는 이내 궁금한 것을 털어놓았다.

"최근에 진상이 소식 들은 거 있냐?"

"그 자식 얼마 전에 주식투자했다가 크게 날렸다는 소문이 돌았지. 나한테도 투자하라고 했는데, 나는 돈이 없어서 무시했어. 너도 투자했다는 이야기가 들리던데?"

"어……. 조금."

재성은 말끝을 흐렸다.

"넌 그래도 괜찮은가 보네? 그 자식, 주변 사람들 돈까지 왕창 끌어다 투자했다더군. 빚더미에 올라 집도 날리고 스트레스를 너무 많이 받아 병원에 입원했다는데. 투자하느라 보험 들은 것까지 모두 해약해서 병원비 한 푼 못 받았다지 아마."

"지금 어느 병원에 있는데?"

"아무도 몰라. 연락을 끊고 지방으로 내려가서는 작은 병원에 입원해 있대."

전화를 끊은 재성은 승강장에 선 채로 가만히 있었다.

며칠 뒤, 오 교수와 재성은 처음 만났던 곱창집에서 다시 마주 앉았다. 대화가 시작되자 화제는 자연히 진상의 이야기로 이어졌다.

"저런, 안타깝게 되었군."

"엎친 데 덮친 격이라고 몸까지 망가져서……. 연락이 되면 병원비라도 돕고 싶은데, 답답하네요. 보험마저 전부 해약을 했다니."

"그래서 리스크관리는 재무설계에서 필수 요소라 할 수 있네."

"리스크관리라면 보험을 말씀하시는 건가요?"

"꼭 보험만을 한정해서 말하는 것은 아니지. 리스크는 실생활에서 떼려야 뗄 수 없는 필수불가결한 요소니까. 리스크의 종류를 나열하자면 끝이 없다네."

"그렇죠. TV 뉴스를 보면 온통 사건에 사고에……."

"사람들은 살면서 교통사고, 질병, 강도, 절도, 화재 등 다양한 리스크에 부딪치게 마련이지. 이러한 리스크를 순수리스크라 해. 만약 이 사건들이 예측 가능한 것이라면 보험은 인류에게 가장 불필요한 상품이었을 거야."

"하지만 그런 것들은 인간이 통제할 수 없는 영역이잖아요. 그러니 보험은 우리 삶에 큰 의미가 있다는 말씀이군요."

"그런 셈이지. 보험이 인생에서 꼭 필요한 이유는 언제 어떤 일이 나에게 닥칠지 모르기 때문이야. 그런 면에서 보험의 필요성을 논하는 것은 바보나 하는 짓이지."

"그렇지만 간혹, 보험 따위는 불필요하다라고 말하는 사람들도 있잖아요."

"반대로 생각해볼까? 실제로 어떤 리스크가 닥치더라도 보험이 불필요할 정도의 여유 자산을 보유하고 있는 사람이 과연 몇이나 될까? 내 생각엔 별로 없을 거야. 결국 보험 따위 불필요하다고 말하는 사람은 정말 보험이 불필요한 사람이라기보다, 단지 스스로 그렇게 느끼는 사람일 확률이 크네. 이는 우리가 산소의 소중함을 모르는 것과 마찬가지라 할 수 있지. 누구건 병원에 누워 팔다리를 의지대로 움직일 수 없는 미래의 내 모습을 똑똑히 떠올릴 수 있다면, 당장 보험에 가입하지 않을 수 없을걸."

"하지만 보험 역시 보험료라고 하는 비용이 존재하잖아요. 보험과 같은 관리비용은 가계의 재무 성장을 저해하는 요소뿐 아니라 기회비용 문제도 발생시킬 수 있지 않나요?"

"때문에 선택과 집중이 필요하겠지. 보험이 필요 없을 만큼 여유 자산을 가진 사람도 극소수지만, 모든 리스크를 보험으로 충당할 만큼 여유 자산을 가진 사람 역시 극소수에 불과하니까."

"선택과 집중이라면 구체적으로 어떤 것을 말씀하시는 건가요?"

"리스크관리에 있어 우선순위를 정하고 선별적으로 보험에 가입하는 지혜가 필요하다는 이야기야. 우리나라는 IT강국이란 명성에 걸맞게 휴대폰 보급률이 100%에 육박하지. 보험 역시 비슷한 상황이라면 믿을 수 있겠나? 보험개발원 자료에 의하면 우리나라의 가구당 보험가입률은 95%에 육박한다네. 규모로만 보면 가히 보험강국이라 해도 과언이 아니지."

"처음 듣는 이야기네요."

"안타까운 점은 시장 규모로만 봤을 때 세계 어디에 내놓아도 뒤지지 않을 보험강국임에도, 제대로 된 리스크관리 원칙을 알고 보험에 가입하는 사람은 많지 않다는 사실이야. 보험에 대한 인식은 아직 후진국인 셈이지. 국민 대부분이 보험에 1인당 1건 정도는 가입한 상황이지만 정작 그 내용은 심각하기 그지없다네. 예컨대 보험증권은 10개가 넘는데도 막상 보험금은 한 푼도 타지 못하는 경우부터, 심지어 100만 원이 넘는 보험료를 매월 꼬박꼬박 납입하면서도 어떤 회사의 어떤 보험을 가입하고 있는지조차 모르는 사람들도 있지."

"설마요."

재성은 어처구니없다는 표정을 지었다.

"이렇게 의미 없이 가입된 보험료는 재테크 관점에서 버려진 돈이나 다름없지. 더 심각한 문제는 이렇게 버려진 돈이 그 자체로 끝나는 게 아니라, 미래의 다른 재무목표를 위해 쓰일 기회비용까지 함께 날려버린다는 점이지."

"여러 가지를 생각하게 만드는 현실이네요."

맥주를 한 모금 마신 오 교수가 다시 설명을 이어갔다.

"제대로 된 기초공사 없이 높은 건물을 올릴 수 없듯, 제대로 준비된 리스크관리의 토대 없이 쌓아 올리기에만 급급한 투자 계획은 모래성을 쌓는 것과 다를 바 없다네. 그런 의미에서 리스크관리는 모든 재테크의 토대와 같지."

"일종의 '선수비 후공격'인 셈이군요?"

"좋은 비유야. 축구에서도 강팀의 요건으로 꼽는 것 중 하나가 바로 탄탄한 수비조직력 아니던가?"

"그렇죠. 모든 전술의 근간은 수비에서 시작하니까. 탄탄한 기본기와 수비조직력을 갖춘 팀은 허술하게 무너지지 않기에 장기 레이스에서도 성공할 수가 있죠."

"한 가지 덧붙여, 스포츠 경기는 져도 다시 시작할 수 있지만 인생이란 게임은 단 한 번밖에 없다는 사실이겠지. 자네, 세계에서 셈에 가장 밝은 민족이 어느 민족인지 아나?"

"유대인 아닌가요?"

"맞아. 유대인은 세계에서 가장 많은 부를 가지고 있는 민족이지. 뿐만 아니라 그들은 자식들에게 학문적 지식과 더불어 돈에 대한 철학을 가르치는 민족으로도 유명하다네. 재미있는 것은 이들이 가장 먼저 자녀들에게 가르치는 것이 '일확천금을 버는 방법이 아니라 잃지 않는 법'이란 점일세."

"'부는 이루는 것도 어렵지만 지키는 것이 더욱 어렵다'는 말이 있으니까요. 부를 쌓기 위해서는 기본적으로 리스크관리에 대한 적극적인 인식 전환이 필요하겠네요."

Think!
리스크관리도 지출관리다

리스크관리는 또 다른 방법의 지출관리라는 점에서 사고의 전환이 필요하다. 과연 소비를 통제하는 것만으로 모든 지출을 완벽하게 대비할 수 있을까?

계획된 소비는 통제 가능하지만 우리 삶에는 통제 불가능한 소비들도 많다. 예를 들어 투자를 했는데 손실을 입었다면 이 역시 통제 불가능한 소비라고 할 수 있다. 이를 투기적 리스크라 하며, 이를 관리하는 대표적 방법 중 하나가 분산투자다. 가장 근원적인 리스크에 해당하는 사고, 질병 역시 통제 불가능한 지출에 해당한다. 이를 순수리스크라 하며 대표적인 대처 방법으로 보험을 들 수 있다.

재테크의 최대 관심사는 지출을 최대한 통제하고, 소득을 최대한 늘리는 시스템을 만드는 것이다. 부자가 되고 싶다면 '소비를 통제하는 것만이 지출을 관리하는 것'이라는 고정관념을 버려야 한다.

지출의 종류
- 자발적 지출: 외식, 쇼핑, 문화생활, 여행 등
- 비자발적 지출
    - 순수리스크: 질병, 강도, 화재 등
    - 투기적 리스크: 투자손실, 자산가치 하락 등

끝없는 고민

"보험의 종류를 일일이 세분화하면 하나의 학문이 될 정도로 다양하지. 이 중에서 개인이 들어야 하는 보험의 종류는 크게 4가지로 구분할 수 있네."

"구체적으로 어떤 것들이죠?"

"일찍 죽는 리스크, 오래 사는 리스크, 아프거나 또는 다치거나 하는 리스크, 타인에 대한 배상책임의 리스크지."

오 교수는 손가락을 하나씩 펴가며 설명했다.

> **순수리스크의 구분**
> ① 조기사망리스크: 종신보험, 정기보험 등
> ② 장기생존리스크: 연금보험, 연금저축 등
> ③ 질병 및 상해: 건강보험, 암보험, 실손의료비보험 등
> ④ 배상책임리스크: 자동차보험, 기타 손해배상책임보험 등

"보험에서 꼭 알아야 할 내용 중 하나는, 보험에서 돈의 흐름이 일반적인 저축이나 투자상품과는 다른 형태를 띠고 있다는 점일세. 보통 저축상품은 시간이 지날수록 원금과 이자가 늘어나면서 내가 받는 금액이 삼각형 형태로 늘어나는 구조를 가지고 있지. 반면 보험의 경우 가입과 동시에 동일한 금액이 만기까지 보장되는 형태를 띠는 것이 일반적이거든."

"그렇군요."

"흔히들 '여유가 없어 보험에 가입할 수 없다'라고 말하지. 하지만 이러한 사람일수록 보험가입의 필요성이 가장 크다는 점, 재미있지 않나?"

"무슨 말씀이신지."

"예를 들어 어떤 사람이 만기에 1억 원을 받을 수 있는 10년

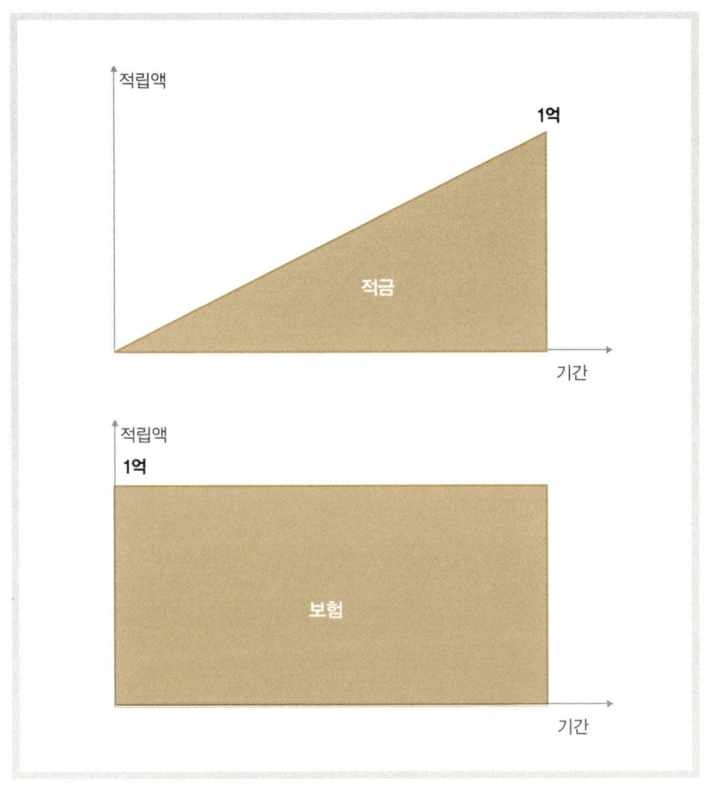

짜리 적금과 1억 원짜리 10년 만기 정기보험에 가입했다고 해 보세. 우선 10년 뒤 1억이란 돈을 마련하기 위한 4%짜리 저축에 가입한다면 매월 68만 원 정도를 저축해야 해. 이 사람이 아무 일 없이 목적한 기간까지 저축을 무사히 마칠 수 있다면 원하는 재무목표를 이루겠지. 그런데 안타깝게도 가입 후 3개월 만에 사망했다면 어떨까? 약 200만 원의 원금과 몇 푼의 이자만이 주어질 걸세. 하지만 만약 이 사람이 저축액의 일부를 떼어

보험과 적금의 경과기간별 현금흐름 (30세 남자, 10년 만기, 4% 가정 시)

	S사 정기보험	W사 정기적금
가입금액(만기액)	1억 원	1억 원
월납입액	1만 5100원	64만 1000원
1년	1억 원	791만 원
2년	1억 원	1621만 원
3년	1억 원	2485만 원
5년	1억 원	4379만 원
10년	1억 원	1억 원

정기보험에 가입했다면 납입보험료와 가입기간 등에 관계없이 1억 원이 지급되겠지."

"그 대신 보험료를 지불해야 하잖아요."

"맞아. 35세 남성의 10년 만기 1억짜리 정기보험의 보험료는 월 2~3만 원에 불과하다네."

"만약 정기보험에 가입하지 않았다면, 그간 계획했던 꿈을 접거나 계획의 대대적인 수정을 해야겠군요."

"그렇지. 이러한 방식의 현금흐름은 오히려 지금 당장 돈이 없는 사람에게 더 유용하다고 할 수 있어. 결국 보험은 당장 돈이 없는 사람에게 더욱 유리한 상품이란 뜻이야. '돈이 있어야 보험에 가입하지'라는 기존의 편견은 과감히 버려야 하네. 이러한 사람들일수록 뜻밖의 사고에 노출될 경우 돌이킬 수 없는 나락으로 빠질 확률이 크다네. 병상첨병(病上添病), 앓는 중에 또 다른 병이 든다는 말도 있지 않은가."

"머피의 법칙 같은 건가요."

"머피의 법칙은 늘 존재하게 마련이지. 똑같은 사고로 똑같은 1억 원의 손실이 발생했다 해도 1억 원이 전 재산인 사람과 10억 원이 전 재산인 사람은 받는 충격이 다르네. 보험은 돈이 많은 사람에게도 유용한 상품이지만 적어도 돈이 없는 사람에게는 절실한 금융상품이란 점을 명심해야 해. 또 한 가지, 보험은 값이 싸다는 점이야."

"보험이 싸다구요? 무슨 말씀이신지."

"보험은 미래의 불확실성에 대한 선투자상품이라 할 수 있지. 자신의 미래에 어떤 일이 벌어질지 확신할 수 있는 사람은 아무도 없지 않은가. 그럼에도 우리는 보험료라는 돈을 내고 있으며, 또 누군가는 보험금이라는 돈을 받아간다네. 왜일까?"

"보험이 싸기 때문이라는 말씀인가요?"

재성의 머릿속은 더더욱 복잡해졌다.

"보험료 자체가 싸다 비싸다는 논쟁을 하려는 게 아니야. 보험료에는 보험사에서 가져가는 각종 사업비, 유지비 등의 수수료가 포함되어 있으니 비용 부분만 보면 결코 싼 상품이라고는 보기 어렵지. 실제로 보험사들이 하는 노력에 비해 아주 비싼 상품이라 하는 게 오히려 맞겠군."

"예, 보험은 전혀 싸지 않죠. 더군다나 아무런 사고도 일어나지 않는다면, 그만큼 불필요한 지출이 어디 있겠습니까?"

"자네 말도 맞아. 하지만 미래의 불확실한 사고는 자네가 예측할 수 있는 영역이 아니란 사실이 중요하다네. 자네가 말했듯 결과론적으로 이야기해서 사고가 일어날 상황이라면 어떨까? 정말로 필요한 지출이라 여기지 않았을까?"

"하긴 그렇군요."

"활용적인 측면에서 바라볼 필요가 있어. 예를 들어 리스크에 대비해 은행에 미리 돈을 넣어두는 것과 보험상품을 통해 대비하는 것은 활용 면에서 많은 차이가 나지."

"미래의 사고를 대비해 은행에 넣어두는 것과 보험의 차이요?"

"내가 항상 자네에게 강조한 것이 있잖아. 기회비용 말일세. 만약의 사고에 대비해 큰돈을 은행에 넣어두는 방법도 있겠지. 이러한 형태를 일종의 자가보험이라고 해. 나쁜 방법은 아니지만 이로 인한 기회비용을 감안하면 그다지 현명한 방법이 아니라네. 만약 아무런 사고도 발생하지 않고 10년이란 시간이 흘렀다면 오히려 보험료를 절약한 것 아니냐고 반문할 수도 있겠지. 그러나 결국 리스크 대비용으로 마련한 자산이란 점에서는 10년 이후에도 통장에 고스란히 묶여 있어야 할 돈임에 틀림없으니까. 다시 말해 사고가 발생하기 전까지는 영원히 묶여 있는 돈이 되는 셈이지. 더군다나 발생할지 안 할지도 모르는 리스크를 대비해 항상 1억 원이란 큰돈을 은행에 묶어놔야 한다면, 엄청난 자산가 아닌 이상에야 비효율적인 선택이라 할 수 있지."

"그런 의미를 말씀하신 거군요."

"더군다나 이는 1억 원이란 목돈이 이미 준비되어 있는 사람에게나 가능한 이야기일세. 그 정도의 돈을 리스크 대비용 자산으로 따로 뚝 떼어 은행에 묶어둘 만큼 여유를 가진 사람은 거의 없을 거야. 결국 대부분의 사람들은 일정액을 적금식으로 투자하여 리스크 대비용 자산으로 삼을 수밖에 없다는 이야기지. 하지만 목적했던 리스크 대비용 자산을 마련하기 전에 사망이나 큰 사고를 당하기라도 한다면? 남은 가족은 적잖은 경제적 어려움을 겪게 될 거야."

"가입과 동시에 현금흐름이 발생하는 보험의 장점을 말씀하시는 거군요?"

"리스크는 내가 원하는 돈을 모을 때까지 기다려주지 않는다네. 장기간 투자계획을 수립할 때 리스크관리를 가장 우선순위에 두는 것도 이 같은 맥락이지. 이렇듯 리스크관리라는 목적만 떼어놓고 보면 약간의 비용을 지불해야 하는 단점이 있지만, 그 비용이 결코 비싸다고만은 할 수 없을 거야. 뿐만 아니라 보험상품의 특성만을 놓고 살펴봐도 리스크관리라는 목적에는 보험이 가장 적합한 상품이란 점 역시 부인할 수 없지."

"하지만 보험가입은 유의해야 할 점 역시 많잖아요? 예를 들어 중도에 해약하면 손실이 크다는 단점 같은 것 말이죠."

"보험만의 문제라 보긴 어렵지. 보통 다른 저축이나 투자상품 역시 중도 해약을 하면 약간의 해지수수료 또는 이자 손해 등을 감수해야 하니까. 다만 자네가 지적했듯, 보험은 일반 저축상품에 비해 비교적 큰 손실을 감수해야 하는 경우가 대부분이야. 또한 한번 결정하면 10~20년이라는 긴 시간 동안 보험료를 납입해야 하고, 중간에 해약을 하면 큰 손실이 뒤따르지."

"처음 가입할 때 어떠한 금융상품보다 신중하게 검토할 필요가 있겠군요."

"맞아. 하지만 너무 오래 고민하다가 가입할 타이밍을 놓치는 우를 범해서는 안 되겠지."

"보험에도 타이밍이 있나요?"

"보험 가입에 유의할 점 또 하나. 보험은 다른 금융상품과 달리 내가 가입하고 싶어도 가입할 수 없는 상황이 존재한다는 점일세. 때때로 건강이 악화되거나 특정 질병에 걸리면 보험 가입 자체가 어려워지거든."

"그러고 보니 제 주변에도, 별로 대수롭지 않은 질병 때문에 보험 가입을 거절당한 사람이 있었어요."

"건강하다는 것은 역설적으로 '보험 가입의 필수조건' 이란 점을 명심하게. 리스크관리를 고려하는 데 있어 마지막으로 명심해야 할 점은, 보험이 그 자체로서 목표 자금의 역할을 하지 않는다는 점일세. 때문에 이 대목에서는 항상 선택의 기로에 놓이지. 너무 적은 리스크관리 비용은 큰 리스크와 불안감이라는 꼬리표가 따라다니고, 반대로 너무 큰 리스크관리 비용은 재무목표를 이루는 성장에 발목을 잡기 마련이거든."

"여기서도 기회비용과 선택의 문제가 뒤따르는군요. 재무목표와 리스크관리 비용의 선택 문제에서 교수님께서 생각하시는 적정선은 얼마인가요?"

"명백한 정답이 있는 것은 아닐세. 다만 여러 자료들을 종합했을 때, 적정 리스크관리 비용의 수준은 소득의 10% 내외가 적당하겠지."

"소득의 10% 내외는 순수 리스크비용을 말씀하시는 거겠죠?"

"맞아. 삶의 여러 가지 리스크들이 두려워 집안에만 갇혀 일생을 보낸다면 리스크관리는 불필요할지도 모르네. 하지만 그런 인생을 선택할 사람은 아무도 없겠지. 결국 인생이라는 긴 여행을 떠나야 한다고 했을 때, 이왕이면 안전장치가 잘 갖추어진 차를 타고 달리는 것이 훨씬 마음이 편하지 않겠는가."

"결국 보험이란, 인생의 목표를 향해 안심하고 달릴 수 있도록 하는 안전장치 역할이라고 볼 수 있겠군요."

"좋은 비유군. 최소한의 지출 외에 거의 모든 돈을 여러 재무목표를 위해 저축하고 있는 사람에게 이러한 보장이 전혀 준비되어 있지 않다면, 매일매일 살얼음판 위를 걷는 기분으로 살아야 할 걸세. 만약 이 상황에서 우려했던 리스크가 발생하기라도 한다면, 그동안 치열하게 준비해왔던 모든 계획들은 뿌리째 흔들리고 말 테니까."

LESSON 7
리스크관리는 어떻게 해야 할까

리스크관리의 궁극적 목적은 '개인 또는 가족의 삶이 어떤 특정한 리스크에 노출된 뒤에도 예전과 똑같이 유지될 수 있도록 하는 것'이다. 가족 중 누군가에게 사고 또는 질병이 발생했다면, 이후 그 가정에는 상당한 정신적, 경제적 고통이 따르기 마련이다. 리스크에 현명하게 대처하고 극복하는 방법에 대해 살펴보자.

1. 리스크요소를 파악한다

"리스크를 예상하고 대비하는 것은 이미 리스크의 반을 피한 것이나 다름없다"라는 토머스 플러의 말을 명심하자. 리스크를 예상하고 인식하는 것만으로도 어느 정도는 준비를 한 셈이다. 반면 직면하고 있는 리스크를 인식하지 못할 경우, 스스로 대비할 수 있는 것은 아무것도 없다. 가장 먼저 해야 할 일은 내게 직면한 리스크에 어떤 것들이 있는지를 파악하는 것이다. 개인에게 발생할 수 있는 리스크들은 다음과 같이 구분할 수 있다.

- 인적 리스크: 조기 사망, 장기 생존, 질병 및 상해, 실업 등
- 재산 리스크: 화재, 자동차사고 등
- 배상책임 리스크: 재산소유/사업/자동차사고 등의 손해배상책임

2. 리스크를 평가한다

리스크요소를 파악한 후에는 우선순위를 정해야 한다. 보험으로 모든 것을 해결하면 좋겠지만 과도한 보험은 다른 투자 목표를 이루는 데 저해 요소로 작용할 수 있다. 적절한 지출 이내에서 선택과 집중이 필요하다. 리스크의 우선순위는 중요도 순으로 나눌 수 있다. 손해 정도의 심각성에 따라 치명적 리스크, 중요한 리스크, 일반적 리스크로 분류해 관리하는 방법이다. 가계에 미치는 재무적 영향에 따라

- **치명적 리스크**: 나와 가족을 파산으로 이끌 수 있는 리스크
- **중요한 리스크**: 손실 회복을 위해 다른 계획을 포기하거나 대출이 필요할 정도의 리스크
- **일반적 리스크**: 현재 소득이나 준비된 자금만으로 해결 가능한 리스크

로 나눌 수 있다.

3. 리스크 처리 방법을 선택한다

리스크 처리 방법은 크게 리스크통제와 리스크재무로 구분한다. 리스크통제는 리스크의 발생빈도를 줄이거나 심각성을 줄이는 방법이다. 대표적으로 리스크회피와 리스크축소가 있다. 리스크회피는 리스크를 사전에 차단하는 것이다. 예를 들어 점쟁이가 "올해는 삼재이니 물가에 가지 말라"고 말하면 아예 물가 근처에도 가지 않는 방법이다. 리스크축소는 사고발생 시 손해액을 축소시키는 것이다. 대표적인 예로 천장에 설치된 스프링클

러를 들 수 있다. 스프링클러를 설치한다 해서 화재 자체를 막는 것은 아니지만 화재 피해를 최소화할 수 있다.

리스크재무에는 리스크이전과 리스크보유가 있다. 리스크이전은 내가 가진 리스크를 제3자에게 이전하는 것으로, 보험을 들 수 있다. 내가 가진 리스크를 보험료라는 비용을 지불하고 보험사에 전가시키는 것이다. 리스크보유의 대표적인 예는 기업의 경우 자가보험이며, 가계의 경우 비상 예비자금을 들 수 있다.

그렇다면 모든 리스크에 대한 보험에 가입하는 것이 유리할까? 답은 '아니오'다. 보험가입을 고려할 수 있는 리스크에는 2가지 종류가 있다. 첫째, 발생 확률은 매우 낮지만 손실 크기는 매우 큰 리스크다. 가장의 사망, 고도후유장해, 대형 교통사고, 화재사고 등이 있다. 둘째, 발생 확률이 높지만 손실 크기는 미미한 리스크다. 감기, 가벼운 상해사고, 자잘한 생활질환 등이 이에 해당한다.

발생 확률은 낮지만 손실의 크기는 높은 리스크

❶ 가장의 사망, 후유장해 → 종신보험, 정기보험 등
❷ 대형 교통사고 → 자동차보험, 운전자보험 등
❸ 화재사고 → 화재보험 등

발생 확률은 높지만 손실의 크기는 비교적 작은 리스크

❶ 질병, 상해사고 → 건강보험, 의료실비보험 등
❷ 일상생활 중 자잘한 작은 사고 → 비상 예비자금

Money
Poor
Survival
Project

5
시간이 돈을 이긴다

가난하게 태어난 것은 당신의 잘못이 아니지만,
가난하게 죽는 것은 당신 책임이다.

―빌 게이츠―

시간은 배신하지 않는다

삼성역으로 향하는 2호선 지하철은 몹시 분주했다. 한 달여 만에 어렵게 잡힌 오 교수와의 약속. 그러나 퇴근시간대의 만원 지하철은 사람을 고달프게 만들기에 충분했다. 왜 하필이면 삼성역이람. 복잡하게. 약속 장소를 정한 오 교수가 원망스러울 정도였다. 얼마나 지났을까. '이번 정차역은 삼성역입니다' 라는 안내방송이 흘러나왔다. 드디어 문이 열리고 재성은 사람들 틈바구니에서 간신히 열차를 빠져나왔다.

스마트폰을 꺼내 오 교수가 보낸 문자를 확인했다. '코엑스 그랜드 컨퍼런스홀 19시 30분'. 약속 시간까지는 아직 30여 분이 남아 있었다. 그나저나 강연회는 왜 가자고 하신 걸까? 지하철을 타고 오는 내내 머릿속을 맴돌았던 궁금증이었다.

며칠 전, 전화를 걸어온 오 교수는 '재미있는 투자강연회가 있는데 같이 참석하지 않겠느냐'고 물어왔다. 망설임 없이 오케이를 했지만 이러한 이벤트성 강연회에 참석하자는 이유가 뭔지 알 길이 없었다.

강연장 입구. 오 교수는 아직 도착 전이었다. 투자강연회는 저녁 8시부터 2시간 반 동안 진행되는 스케줄이었다. 1부는 '대박으로 가는 급등주 찾는 법', 2부는 '대박으로 가는 부동산 경매비법'. 지극히 자극적인 문구였다. 대박이라. 정말 끝내주는군. 재성이 피식 웃음을 지었다.

강연회장 안에는 벌써 많은 사람들이 앉아 있었다. 입구에도 수많은 사람들이 몰리는 등 꽤 붐비는 분위기였다. 이들 모두 대박을 꿈꾸는 사람들인가. 재성은 고개를 절레절레 저었다. 그때 뒤편에서 오 교수의 목소리가 들렸다.

"자네가 먼저 도착했군."

"오셨어요? 저도 방금 도착한걸요."

두 사람은 강단이 어렴풋이 보이는 뒤편에 자리를 잡았다. 강연자의 얼굴조차 잘 보이지 않는 자리였지만 그나마 앉을 수 있다는 것이 다행이었다. 강연장의 열기는 실로 상상했던 것 이상이었다.

"와! 장난 아닌데요?"

재성이 감탄사를 연발했다.

"여긴 왜 오자고 하신 거예요? 교수님은 이런 강연을 들어야 하는 분이 아니라 앞에 나가서 강연을 하셔야 하는 분 아닙니까?"

"꼭 그렇지만은 않네. 각자마다 전문 분야가 있으니까. 나도 오랜만에 사람 구경도 하고, 자네에게도 재미있는 경험이 될 듯해서 불렀네."

잠시 후 1부 강연자가 등장했다. 개인투자자 사이에선 '원-빅맨'이라는 애칭으로 널리 알려진 유명 인사였다. 스스로 깨우친 비법으로 주식투자를 해 20억 원을 벌었다는 사연이 유명해지며 TV에도 종종 등장하는 사람이었다. 1부의 제목처럼, 강연은 '대박주 찾는 방법'을 소개하는 것으로 시작되었다.

주식의 기술적 분석과 가치 분석에 대한 이야기를 살짝 언급한 강연자는 곧바로 자신의 경험담을 늘어놓기 시작했다. 주식투자를 시작하게 된 계기부터 첫 투자 성공의 경험, 어떤 주식에 투자해서 얼마를 벌었다는 등 다양한 투자 경험들. 막바지에는 유망 업종과 종목에 대한 소개로 강연을 끝맺었다.

강연 내용은 한마디로 실망스러웠다. 시간만 낭비했다는 후회가 생길 정도였다. 성공담 위주의 개인적 내용과 주식투자 기술 몇 가지를 섞어 대박 환상만 심어주는 내용이랄까. 오 교수를 만나기 전이었다면 귀가 쫑긋해져서 강연자가 읊어주는 대박주 목록을 정신없이 받아 적었겠지만, 이제 재성은 예전의 그가 아니었다.

1부가 끝나고 30분의 휴식시간이 이어졌다. 둘은 밖으로 나와 커피를 한 잔씩 뽑아 들었다.

"강연회 어때?"

"솔직히 이야기해도 되나요?"

"물론이지."

"생각보다 별로였어요. 교수님이 추천하셔서 기대를 좀 했었는데 정말 실망스럽더군요. 자기 자랑에 불확실한 예측……. 약간 식상한 느낌도 있었고요."

"구체적으로 어떤 부분에서?"

"종목까지 콕 집어가며 고수익주라고 떠드는 게 왠지 선량한 투자자들을 선동하는 느낌도 들고, 고수익 이면에는 분명 리스크가 존재할 텐데 그런 이야기는 전혀 언급조차 하지 않더군요."

"수익이라는 화려한 이면 뒤에 숨은 어두운 그림자의 실체가 이제 보인다는 뜻인가? 자네도 고수가 다 됐군 그래."

"별말씀을요."

"실은, 투자에 대해 어떤 인식의 변화가 있었는지 확인하기 위해 자넬 부른 거야. 괜한 짓을 한 것은 아니었군."

"저를 테스트하셨던 건가요?"

"언짢아하지 말게. 대박을 쫓아 재테크에 열광하는 저 사람들을 보라고. 그야말로 살아 있는 공부 아니겠는가?"

재성이 고개를 끄덕였다.

"2부는 부동산 투자기법이 주제더군요. 그다지 구미가 당기지 않는데."

"여기까지 왔으니 한번 들어보세. 혹시 강사가 기막힌 비법이라도 일러줄지 아나?"

2부 강연은 재건축과 경매투자란 주제로 진행되었다. 여러 가지 부동산 투자 성공 사례를 나열하며 설명을 이어가는 방식이었는데, 흥미로운 점은 소개한 사례들이 모두 엄청난 성공 일색이었다는 부분이었다. 우리나라 사람들이 특히 좋아하는 대표 자산인 부동산 관련 강연이라서 그런지, 그 열기는 1부보다 더 뜨거웠다. 강연을 귓등으로 흘리고 사람들을 훑어보던 재성은 묘한 기분에 사로잡혔다. 무언가에 홀린 듯 강연자의 한마디 한마디에 열광하는 저 모습. 지금 나는 '대박교'라는 사이비 종교집단에 와 있는 것 아닐까?

강연이 모두 끝났다. 강연자의 사인을 받기 위해 길게 늘어선 줄을 뒤로 한 채 재성과 오 교수는 빠르게 강연장을 빠져나왔다.

"마치 사이비 종교집회에 와 있는 느낌이었어요."

"조금 그랬지? 이제 자리를 옮겨 우리의 진짜 이야기를 해볼까?"

"그러시죠."

"이 건물 뒤편에 작은 골목이 나오는데, 거기 서민들이 좋아할 선술집이 즐비하지."

"오우! 그런 곳이야말로 교수님과 제가 찾아야 할 곳이죠."

빌딩 밖으로 나온 두 사람은 도시 뒤편의 허름한 골목으로 찾아들었다. 작은 기와집과 양철집들이 길게 늘어선 골목. 오 교수가 앞장선 곳은 드럼통을 가운데 놓고 삼삼오오 모여 술을 마시는, 작은 고깃집이었다.

"여기가 내 단골집일세."

두 사람은 구석의 빈 드럼통에 마주앉았다.

"그동안 교수님의 가르침을 들으면서 곰곰이 생각해보았습니다. 재무플랜의 필요성과 구체적 방법, 은퇴 준비 등등. 다 좋은데, 그런 좋은 계획을 준비했다 해도 자산을 잘 운용하지 못해 계획한 수익을 얻을 수 없다면 말짱 헛것이라는 생각이 들더군요. 결국 재무목표를 이루기 위해서는 투자의 성공 역시 중요한 포인트라 생각합니다. 하지만 성공적인 투자를 이루기 위해 무엇을 고려해야 할지 정말 막막합니다."

재성이 오 교수의 잔에 막걸리를 따랐다.

"수익률은 중요한 명제 중 하나지."

이번에는 오 교수가 막걸리 주전자를 넘겨받아 재성의 잔에 따랐다.

"경제학에는 '공짜 점심은 없다'는 말이 있지. 무에서 유를 만들어낼 수는 없다는 뜻이 여기 내포되어 있어. 다시 말해 무언가를 이루려면 그에 따른 희생이 꼭 수반되어야 한다는 뜻이지. 자네에게 항상 강조했듯 수익은 높은 곳에서 낮은 곳으로 흐르게 마련이야. 사람들은 가끔 로또와 같은 비현실적 꿈을 꾸지만 일반적 경제 관점에서 통용되는 이야기라곤 할 수 없지. 한정된 자원에서 투자를 할 것인지 소비를 할 것인지 심각히 고민하는 것 역시, 한 가지를 위해 다른 한 가지는 포기해야 함을 전제로 해. 안전하면서 하루아침에 큰돈이 되는 자산을 찾는, 그 허황된 꿈을 버려야 한다는 뜻이네."

"공짜 점심은 없다……."

"저축보다 소비를 즐기면서 부자가 되길 꿈꾸는 것. 경제학에선 이율배반적 행동일 뿐이야. 실제 행동하지 않으면서 장밋빛 미래를 꿈꾸는 것은 일종의 만용이지. 자네가 앞으로 어떤 투자를 하건 이러한 경제학적 사고가 기본이 되어야 한다는 사실을 명심하게."

"잘 알겠습니다, 교수님."

"이제 배울 준비가 끝났군. 그럼 본격적으로 시작해볼까?"

잠시 뜸을 들인 오 교수가 입을 열었다.

"역사가 증명하는 최고의 투자자산이 무엇인지 알고 있나?"

"당연히 주식 아닌가요?"

"그래, 틀린 말은 아니지. 하지만 내가 원하는 정답은 아닐세."

"그럼 부동산?"

"노! 아니야."

"그렇다면 채권? 파생상품?"

"틀렸어."

"그럼 도대체 뭔가요?"

"정답은 바로 시간일세."

"시간이라구요?"

재성이 두 눈을 껌벅였다.

"차근차근 설명할 테니 들어보게. '72의 법칙'이 뭔지 알겠지?"

"복리를 설명할 때 자주 사용되는 법칙 아닙니까. 투자자산이 2배로 불어나는 데 걸리는 시간을 계산하는 간단한 공식이죠. 예를 들어 투자수익률이 6%라면 '72÷6=약 12년'이 계산법이잖아요?"

"정확히 알고 있군. 72법칙은 그 자체로는 매우 단순한 법칙이야. 하지만 이 법칙은 우리에게 매우 중요한 사실 몇 가지를 알려주지. 첫째, 내가 원하는 목표를 더 빨리 이루기 위해서는 높은 수익률을 달성해야 한다는 점."

"그야 당연하겠죠? 분모에 해당하는 수익률이 높으면 원금이 불어나는 기간이 짧아지고, 반대로 수익률이 낮으면 원금이 불어나는 기간이 길어질 테니까요."

"그리고 둘째, 자산을 불리기 위해서는 장기간 꾸준히 투자해야 한다는 거야. 복리 투자의 효과는 어디까지나 원금뿐만 아니라 이로 인해 발생한 수익까지도 꾸준히 재투자한다는 것을 전제로 하기 때문이지. 흔히 복리의 효과를 특정 금융상품의 효과라 착각하는 경향이 있는데 이는 잘못된 생각일세. 진정한 복리 효과는 오히려 수익이 발생한 원리금을 꾸준히 재투자하는 투자행위와 관련이 깊다고 봐야지."

"어떤 상품에 투자하는지가 중요한 것이 아니라 꾸준히 재투자하는 투자행위 자체가 더 중요하단 말씀이군요."

투자원금이 2배가 되는 기간
72 ÷ 복리금리(복리투자수익률)

투자 기간 동안 투자원금이 2배가 되는 데 필요한 수익률
72 ÷ 투자 기간

"72법칙은 투자에 있어 상식이라 할 정도로 많은 사람들이 알고 있지만 정작 그 숨은 뜻을 제대로 이해하는 사람은 많지 않다네."

"복리에 대해 이야기하시려는 거군요?"

"복리의 법칙에 숨어 있는 부의 원리는 바로 '수익률과 시간과의 관계를 이해할 수 있다'는 거야."

"여기에서 시간이 나오는군요."

"다음으로 설명할 마지막 비밀도 바로 시간과 관련이 깊다네. 이 법칙에 숨겨진 세 번째 비밀은 이거야. '하루라도 빨리 투자해야 한다!'"

"왜죠?"

"하루라도 빨리 시작하는 것과 그렇지 않은 것의 차이가 자네가 상상하는 것보다 엄청나기 때문이야. 대부분의 사람들은 이런저런 핑계로 투자를 차일피일 미루지. 그들에게 그 이유를 물으면 자녀교육, 직장, 생활비 등의 핑계를 대곤 해. 결국 지금 당장은 투자할 돈이 없다는 거지. 또 이러한 사람들 대부분이 '지금 푼돈을 투자하느니 나중에 큰돈이 생기면 제대로 투자하겠다'는 생각을 갖고 있지. 하지만 이는 매우 잘못된 생각이야."

"적은 돈보다는 많은 돈을 모은 다음 투자를 시작하는 게 낫지 않나요. 당장 얼마 되지도 않는 돈을 투자랍시고 해봐야……."

"정말 그럴까? 대학동창인 A와 B가 있다고 해보세. A와 B

모두 사회 초년생이지만 재테크의 필요성을 절감하고 있어. A는 당장 실천하는 타입이기에 얼마 되지 않는 급여를 쪼개 매월 50만 원씩 투자했지. 반면 B는 '난 여유가 생기면 제대로 투자를 해야겠다' 고 생각했네. 그러던 중 B는 45세가 되었고 경제적 여유가 생겨 투자를 시작했네. A보다 늦게 시작한 만큼 투자금을 2배로 늘려 매월 100만 원씩 투자를 했지. 심지어 투자 기간 역시 A보다 2배 늘려 자그마치 20년 동안 저축을 했어. 두 사람 모두 재테크에 성공해서 10%의 수익률을 올렸다고 하세. 어느덧 65세가 되어 은퇴를 눈앞에 바라보게 되었을 때, 두 사람의 결과는 어떻게 되었을까?"

"A가 조금 일찍 시작했으니 복리효과를 조금 더 보았겠군요. 동일 조건이라면 당연히 승자는 A였겠지만, B는 금액도 2배를 투자했고 기간 역시 10년을 더 길게 투자했으니 원금만 따져도 A의 4배나 되는 셈인데 당연히 B가 승자 아닐까요?"

"틀렸네. A는 11억 원이 넘는 돈이 있을 것이고 B는 8억 원이 채 되지 않을 거야. 둘의 차이가 3억 원 이상이 된다는 이야기지. 기간을 더 늘린다 해도 그 차이는 줄어들지 않아."

"정말요? 믿을 수 없네요."

A와 B가 65세가 됐을 때

	금액	투자기간	납입원금	원리금
A	매월 50만 원	30세부터 10년 간	6000만 원	11억 1896만 원
B	매월 100만 원	45세부터 20년 간	2억 4000만 원	7억 6570만 원

"내가 말했잖아. 하루라도 빨리 시작하는 것과 그렇지 않은 것의 차이는 자네가 상상한 것보다 훨씬 크다고!"

"복리를 잘 활용하는 것이 중요하다는 이야기는 많이 들었지만, 과연 놀랍네요. 어떻게 그런 일이 가능한 거죠?"

"복리 효과 덕분이야. 복리 효과는 크게 세 가지에 의해 결정되지."

"세 가지? 어떤 것들이죠?"

"투자금, 수익률, 그리고 시간."

> 복리 효과 = 투자금 × 수익률 × 시간

"그런데 왜 유독 시간이 중요하다는 말씀인가요?"

"투자금과 수익률이 중요하지 않다는 말은 아니야. 하지만 생각해보게. 현재 자네가 돈이 없다면 갑자기 큰돈을 만들어낼 방법은 두 가지뿐이네. 로또에 당첨되거나, 그도 아니면 남의 돈을 훔치는 것이겠지."

"인정하긴 싫지만 정말 그렇겠네요."

"자네도 알다시피 여기저기 대박을 쫓는 일화들이 널려 있는 세상이라네. 강연자의 이야기 역시 일종의 신기루 같은 것이지. 그곳에 모인 많은 사람들은 그런 대박의 환상을 꿈꾸는 것이고……. 모두가 마법과도 같은 수익률을 올릴 수 있다는 대박의 환상을 꿈꾸지만 현실은 어떤가?"

"두말하면 잔소리겠죠."

"얼마 전 어느 설문자료를 보니 재미있는 결과가 있더군. 우리나라의 개인투자자들이 주식투자를 할 때 '본인이 바라는 기대수익률'을 조사했더니 연평균 20%라는 결과가 나왔네. 다시 말해 주식투자를 할 때 평균 20% 정도의 수익은 낼 수 있다고 생각한다는 거지. 그렇다면 우리나라 개인투자자들의 실제 평균수익률은 어떨까?"

"적어도 10%는 되지 않을까요? 정기예금 금리도 4% 정도인데."

"정말 그럴까? 불행히도 5%가 채 되지 않는다네. 이상과 현실의 갭이 그 만큼 엄청나다는 이야기야."

"말도 안 돼. 그럴 바엔 그냥 은행에 맡기는 게 낫겠어요!"

재성의 목소리가 커졌다.

"자네 역시 1년에 10%의 수익을 얻는 것쯤 어려운 일이 아니라고 생각하는군. 하지만 이런 가정을 해볼까? 자네가 100년 동안 주식투자를 통해 연평균 10%의 수익을 얻고자 한다면, 현재 코스피 지수가 2000포인트라 가정했을 때, 2100년쯤에는 약 200만 포인트 정도가 되어야 하네."

"200만 포인트요? 단지 10% 수익률을 올리는데도?"

"누군가 매년 20~30%의 고수익을 낼 수 있다고 자신 있게 말한다면 왜 그를 경계해야 하는지, 이제 알 수 있겠지?"

"하지만 우리 주변에서 20~30% 수익을 내는 경우는 흔히 볼 수 있잖아요? 저 역시 그 정도의 수익을 얻은 적도 있었고."

"워렌 버핏 이야기를 해볼까? 그의 재산은 약 500억 달러, 우리 돈으로 60조 원에 달하지. 버핏이 세계 최고의 부호가 되기까지 필요했던 것은 과연 무엇일까? 얼마 안 되는 투자금과 매년 23%에 달하는 꾸준한 수익이었네."

"고작 23%의 수익률로 그런 부호가 되었다고요?"

"자네 말처럼 1년에 20~30%의 높은 수익을 내는 것은 가능해. 그러나 꾸준하게 그런 수익을 내는 것은 정말 어려운 일이지. 다시 말해 장기투자에서 '얼마나 높은 수익률'을 올릴지 고민하는 것도 중요하지만 '얼마나 꾸준한 수익률'을 올릴지 고민하는 것도 무척 중요하다는 이야기일세. 그만큼 누적수익률은 대단한 것이거든! 산 위에서 굴리는 눈덩이처럼 처음에는 작지만, 단단히 뭉쳐지고 커지기 시작하면 나중에는 엄청난 부를 이룰 수 있으니까."

"꾸준한 누적수익률로 꾸준히 장기투자하라는 말씀이군요."

"그렇지. 복리의 힘이야 투자자라면 누구나 아는 상식이네. 그 효과를 극대화하는 것이 투자의 성패를 좌우하는 중요 요소라는 점 역시 누구나 알고 있지. 하지만 대부분의 투자자들은 여기까지만 이해하고 있을 뿐이야. 복리의 효과를 효율적으로 극대화하는 투자자는 안타깝게도 많지 않네."

"왜 그럴까요?"

"시간이라는 자산의 중요성을 간과하기 때문일세."

"시간의 중요성?"

"복리의 효과를 극대화시키는 3대 요소가 무엇이라 했지?"

"돈, 수익률, 시간······."

"대부분의 투자자들이 투자원금과 수익률의 중요성은 비교적 잘 인식하고 있지. 돈과 직결되어 있으니까. 반면에 시간의 중요성은 간과하는 경우가 많아. 하지만 시간이라는 자산이 투자 성공에 차지하는 비중은 일반인들이 생각하는 것보다 훨씬 더 크다네. 또 시간은 세상에서 가장 공평하게 주어진 자산이란 점에서도 매우 중요한 의미를 내포하고 있지."

"그렇군요. 누구에게나 공평하게 주어진 자산."

"어느 나라 국민이건, 부자건 빈민이건, 남자건 여자건 시간만큼은 모두가 평등하게 부여되어 있지. 이 시간을 어떻게 활용하느냐가 투자의 성패를 좌우하는 중요한 열쇠라네."

"알 것 같기도 해요. 하지만, 시간이라는 추상적 자산을 제대로 이해하고 있는 건지 자신이 없는걸요."

"간단한 예를 하나 들어보지. A라는 사람의 총자산은 3000만 원이고, B라는 사람의 총자산은 3억 원이라 하면, 과연 누가 더 부자일까?"

"당연히 B죠."

"맞아. 그럼 더 구체적으로 예를 들어보겠네. A는 이제 막 사회생활을 시작한 29세의 청년이고 B는 은퇴를 앞둔 50대 후반의 가장일세. 이제는 어떤가?"

"객관적으로는 B가 부자겠지만, 선뜻 대답하기 애매한데요."

"B가 현재 시점에서 더 부자라는 것에는 이의가 없을 거야. 하지만 B가 A에 비해 월등히 부자라는 생각은 들지 않겠지. 바로 시간이라는 자산의 크기 때문이라네."

"정말 그렇군요. 오, 조금 놀라운데요?"

"자네가 하루에 커피 한 잔 값인 4000원을 아껴 매일 투자한다고 해보세. 이 커피 한 잔 값으로 연간 10%의 수익률을 달성했다면 30년 후 자네 수중에는 약 2억 7000만 원이라는 돈이 들어 있을 거야. 이를 흔히 '라떼 효과'라 부르지. 이처럼 시간이라는 자산을 어떻게 활용하느냐에 따라 미래 모습은 얼마든지 바뀔 수 있다네."

매일 라떼 한 잔 값 4000원을 저축하면

연간 수익률	10년	20년	30년
7%	2077만 원	6251만 원	1억 4640만 원
10%	2458만 원	9112만 원	2억 7126만 원
15%	3303만 원	1억 7967만 원	8억 3079만 원

"정말 대단한데요?"

"일상 속 향긋한 커피 한 잔의 여유를 포기하라고 꺼낸 이야기는 아닐세. 삶의 행복은 매우 중요한 가치니까. 하지만 투자할 돈이 없다고 미루는 것만큼 바보스러운 짓도 없다는 점은 꼭 명심하게. 시간의 마법은, 자네를 신데렐라로 만들어줄 수 있다네."

Think!
공짜 점심은 없다

경제학에 "공짜 점심은 없다"는 말이 있다. 흔히 기회비용의 의미를 표현하는 말로 쓰이지만, 이 속에는 "무에서 유를 만들어낼 수 없다"는 뜻이 함께 담겨 있다. 무언가를 이루기 위해서는 그에 따른 희생이 꼭 수반되어야 한다는 것이다.

한정된 자원에서 '투자를 할 것인가, 소비를 할 것인가?' 심각하게 고민하는 것 역시 한 가지를 위해 다른 한 가지를 포기해야 하는 문제이기 때문이다. 사람들이 흔히 범하는 실수(혹은 오판) 중 하나는 '돈을 더 벌면 모든 것이 해결될 것'이라는 착각이다. 재테크의 모든 기반이 개개인의 수입을 기초로 한다는 점에서 이는 전혀 틀린 말이 아니다. 그러나 재미있는 사실은 '급여와 저축액이 비례하지 않는다'는 점이다. 급여가 많으면 더 많이 저축할 것이라 생각하지만 실상은 그렇지 않은 것이다.

평범한 사람이 평생 벌어들일 수 있는 재화는 한정되어 있다. 이를 '질량보존의 법칙'에 빗대어 설명할 수 있다. 한정된 재화를 얼마나 더 효율적으로 관리하고 불릴 수 있느냐가 부의 크기를 결정하는 핵심 요소다. 이 같은 맥락에서 수익의 3요소를 살펴볼 수 있다. 수익률 측면에서 보자면, 예전처럼 높은 수익을 기대할 수 없는 저금리/저성장 시대에 접어들었다. 다음으로는 투자금이다. 소득은 늘어가지만 교육비 상승률, 물가상승률 대비 실질소득은 점점 감소하고 있다. 반면 시간이라는 요소는 변함이 없다.

결국 부자나 빈자나 가장 평등하게 주어진 자산은 시간뿐이다. 엄청나게 돈이 많거나 다른 사람들보다 높은 투자수익을 올릴 수 있는 능력이 없다면, 이제 남은 것은 시간을 잘 관리하는 것뿐이다.

LESSON 8
72로 통하는 복리의 원리

'72의 법칙'은 투자의 상식이다. 그러나 정작 그 숨은 뜻을 제대로 이해하는 사람은 의외로 많지 않다.

72의 법칙을 사전적으로 정리하면,

> 72÷복리금리(복리투자 수익률)=투자원금이 2배가 되는 기간

원리는 간단하다. 지금 당장 계산기를 들고 72를 누르고, 나누기와 투자수익률을 누르고, 결과를 눌러보라. 현재 1억 원의 투자금이 있고, 다소 안정적인 투자를 선호해 5%의 수익률을 예상한다면 14.4가 나온다. 즉 대략 14년 후면 2억 원을 손에 쥘 수 있다.

이를 다르게 표현하면

> 72÷투자 기간=투자 기간 동안 투자원금이 2배가 되는 데 필요한 수익률

위와 같은 원리로 72를 누르고, 나누기와 예상하는 투자 기간을 누르고, 결과를 누른다. 현재 1억 원의 투자금이 있고 10년 후에 2억 원짜리 집을 사길 원한다면 얼마의 기간이 필요할까? 매년 평균 7.2%의 수익률을 올릴 수 있는 투자안을 가지고 꾸준히 투자하면 10년 후에는 원하는 집을 살 수 있다.

이렇듯 72라는 숫자를 기억하고 있으면 재무목표를 이루기 위해 필요한 투자 기간 또는 목표수익률을 손쉽게 찾을 수 있다.

첫째 원리: 수익률과 시간의 관계를 이해할 수 있다

복리의 법칙은 수익률과 시간과의 관계를 이해할 수 있게 해준다. 갓 결혼한 K부부. 맞벌이로 현재 이런저런 투자를 하고 있으며 자산의 합계는 1억 원이다. 이들은 2억 원짜리 집으로 이사 가기를 꿈꾼다. 현재 투자하고 있는 자산의 수익률을 검토해보니 매년 6%의 수익을 달성하고 있었다. 단순 계산으로 K부부는 약 12년 후에 새집을 살 수 있다.

이 결과를 확인한 K부부는 12년이란 숫자에 망연자실했다. 생각보다 기간이 너무 길어서였다. 부부는 적어도 현재 뱃속의 아기가 학교에 들어가는 8년 후에 이사를 가고 싶었다. 그러기 위해서는 9%의 수익률을 달성해야 한다. 리스크가 큰 자산에 투자해야 한다는 결론이 된다. K부부는 너무 많은 리스크가 맞지 않다고 판단, 7%의 수익률을 달성하기 위한 투자안으로 변경하고 이사를 2년쯤 미루는 것으로 결정했다.

중요한 것은 K부부가 몇 %의 수익률이 필요하고, 몇 년의 투자 기간이 필요하다는 결과가 아니다. 투자 기간을 줄이기 위해 무조건적인 고수익을 추구하라는 것은 더더욱 아니다. 어떤 계획을 세울 때 구체적이고 명확한 목표가 있어야 한다는 점은 매우 중요한 포인트다.

둘째 원리: 돈의 가치와 시간의 관계를 이해할 수 있다

사람들은 어떤 계획을 세울 때 현재의 기준으로 생각한다. 3년 후 1억 원짜리 집을 사기 위해 1억 원을 목표로 잡고 계획을 세우는 것이다. 하지만 목표했던 집의 가격이 물가상승률(4%)만큼 상승하면, 3년 후 그 집의 가격은 1억 1249만 원이 되어 있을 것이다. 결국 계획은 수포로 돌아갈밖에.

이렇듯 대부분의 투자자들은 물가상승률에 대해 기본적 이해를 하면서도, 막상 투자계획을 세울 때 현재의 가치가 변하지 않을 것이라 착각하는 경향이 있다. '지금 1000만 원을 투자하면 만기에 2000만 원을 돌려드립니다' 라는 광고에 현혹되는 것은 화폐의 시간가치를 전혀 고려하지 않음으로써 왜곡된 정보를 받아들이기 때문이다.

P는 10년 전 자녀 이름으로 교육보험에 가입했다. 매월 13만 원을 납입하면 만기에 2000만 원의 목돈을 손에 쥘 수 있다는 보험사의 광고가 그의 마음을 사로잡았다. 또한 당시의 대학 1년 등록금(2학기)이 500만 원이면 충분했기 때문에 이 정도면 '4년 대학교육(8학기) 자금이 되겠다' 싶어서였다. 그러나 10년이 지나자 2000만 원으로는 4학기 등록금도 버거운 실정이었다.

돈의 가치 변화를 이해하지 못해 계획에 실패하는 경우는 실제로 무수히 많다. 이럴 때 72의 법칙은 물가상승에 따른 돈의 가치를 계산하는 용도로도 사용이 가능하다.

72÷물가상승률=돈의 가치가 절반이 되는 기간

셋째 원리: 지속적인 장기투자의 중요성을 이해할 수 있다

복리의 마법을 알려주는 일화들은 무수히 많다. 뉴욕의 맨해튼은 초기 이민자들이 고작 24달러치의 장신구를 주고 맞바꾼 곳이다. 이 24달러를 연 8%짜리 채권에 투자했다면 현재 맨해튼 전체 자산가치의 300배에 이른다. 복리와 장기투자가 만났을 때 얼마나 큰 마법을 발휘하는지에 대한 유명한 일화다.

눈덩이처럼 불어나는 복리투자의 첫 번째 비밀은 장기간 지속적으로 재투자를 해야 한다는 점이다. 쉬운 일 같지만 실천하기란 결코 쉽지 않다.

L은 잘나가는 샐러리맨이다. 아직 결혼 전이지만 저축도 꽤 해서 어느덧 3000만 원의 목돈을 굴리고 있다. 어제는 3000만 원을 넣어두었던 1년 만기 정기예금의 만기일이었다. 만기가 되어 150만 원의 이자도 붙었다. 3000만 원은 다시 새로운 예금상품에 가입했다. 친구들의 한턱 쏘라는 말에 처음에는 망설였지만 결국 술도 사고 여자 친구에게는 브랜드 핸드백도 선물했다.

많은 사람들의 첫 번째 오류는 1년 또는 길어야 3년 만기 단기상품에 투자한다는 점이다. 더 큰 문제는 원리금을 다시 꾸준히 재투자해야 한다는 점을 망각한다는 사실이다. 물론 단기상품에 투자하는 것이 꼭 잘못된 일은 아니다. 복리 효과는 원금과 그로 인해 발생한 수익금을 다시 재투자하는 행위를 통해 발생하는 것이기 때문이다.

넷째 원리: 하루라도 빨리 시작하는 것이 중요함을 이해할 수 있다

부의 마지막 비밀은 하루라도 빨리 투자해야 한다는 것이다.

> 복리 효과 = 투자금(돈) × 수익률 × 시간

하루에 커피 한 잔 값인 4000원을 아껴 매일 투자한다면, 연간 10%의 수익률을 달성할 때, 10년 후에 약 2500만 원이 통장에 있고 20년 후에는 9200만 원, 30년 후에는 2억 7300만 원, 40년 후에는 7억 6500만 원이 된다.

투자 혹은 저축할 돈이 없다고 미루는 것만큼 바보스러운 짓은 없다. 시간이라는 마법이 당신을 신데렐라로 만들어줄 수 있다는 점을 잊지 말라.

게임의 법칙

"장기적인 투자일수록 들쑥날쑥 고수익보다 차라리 꾸준한 누적수익률을 올리는 것이 더 중요하다고 하셨잖아요? 솔직히 잘 이해되지 않습니다."

"어떤 점에서 이해되지 않지?"

"안정적인 투자 측면에서 꾸준한 수익률을 올리는 것이 유리하다는 말씀은 알겠는데, 크게 한 방 터뜨리는 것보다 더 높은 이익을 올릴 것이란 생각은 들지 않거든요."

의외의 질문이라는 듯 잠시 고심하던 오 교수가 입을 열었다.

"투자에서 가장 중요한 것 중 하나가 뭔지 아나? 절대로 잃지 않는 게임을 해야 한다는 것일세."

"그게 가능합니까?"

"투자라는 단어의 뜻 자체가 손실 가능성을 내포한다는 의미에서라면 불가능한 일이라고 할 수 있겠지. 하지만 내가 말하고자 하는 것은 절대로 잃어서는 안 된다는 의미가 아니라 '잃지 않겠다는 마인드를 가져야 한다' 는 의미네. 워렌 버핏의 투자 성공원칙 첫 번째가 뭔 줄 아나?"

"아주 유명한 말이죠. '돈을 잃지 말라' 입니다. 두 번째 원칙은 '첫 번째 원칙을 잊지 말라' 이고."

"세계적인 투자의 대가마저도 손실회피의 중요성이 얼마나 대단한지 인식하고 있다는 뜻이지. 자네 혹시 '-50%=+100%' 라는 법칙을 알고 있나?"

"처음 들어보는데요. 수학 공식인가요?"

"아니야. 초등학생도 알 수 있는 쉬운 공식이지."

"마이너스 50, 플러스 100? 그리고 보니 덧셈 뺄셈이네요?"

"질문은 내가 하겠네. 예를 들어 자네가 주식에 1000만 원을 투자했다고 해보세. 그런데 예기치 못한 손실이 생겨 50%가 하락하고 말았어. 이제 몇 %의 수익을 올리면 원금을 회복할 수 있을까?"

"그야 당연히 50%죠!"

"틀렸네."

오 교수는 그럴 줄 알았다는 듯 빙긋 웃었다.

"뭐가 틀렸나요? 50% 손해를 봤으니 다시 그만큼 수익을 내면 본전을 되찾는 것 아닌가요?"

"착각일 뿐이야. 하긴 자네뿐 아니라 대부분의 사람들 역시 비슷한 답을 내놓곤 하지. 대부분의 투자자들은 '얼마의 손해가 났을 때 그만큼의 수익을 다시 올리면 본전이 된다' 라고 생각하는 경향이 있어. 이러한 착각이 일어나는 원인은 '최초에 투자했던 돈'을 기준으로 판단하는 경향 때문이야. 최초에 자신이 투자했던 1000만 원이 여전히 남아 있다고 착각하는 것이지. 하지만 50% 손실이 났으니 현재 기준으로 500만 원에 불과하지. 때문에 앞으로 50% 수익을 낸다 해도 원리금은 750만 원에 불과하거든."

"교수님 말이 맞군요. 제가 잠시 착각했어요. -50%의 손실을 회복하기 위해서는 100%의 수익, 즉 2배의 노력이 필요한

-50%=+100% 법칙과 원금 회복 시 필요수익률

손실 비율	최초	하락	상승	최종수익률	필요수익률
10%	1000	900	990	-1%	11%
20%	1000	800	960	-4%	25%
30%	1000	700	910	-9%	43%
40%	1000	600	840	-16%	67%
50%	1000	500	750	-25%	100%
60%	1000	400	640	-36%	150%
70%	1000	300	510	-49%	233%
80%	1000	200	360	-64%	400%
90%	1000	100	190	-81%	900%

것이군요?"

"이제야 제대로 이해했군. 이 간단한 원리를 이용하면 손실 회피의 중요성을 더 쉽게 이해할 수 있다네. 만약 10% 손실이 났을 경우 11%, 즉 1%의 추가수익을 내면 만회할 수 있지만, 그 2배인 20%의 손실이 났다면 1%의 5배인 5%의 추가수익이 필요하지."

"손실의 크기가 커질수록 원금 회복을 위한 노력은 몇 배로 늘어난다는 이야기네요."

"맞아. 투자에 있어 잃지 않는 리스크관리가 얼마나 중요한지 명확하게 드러나는 사례라 할 수 있지. 하지만 현실은 어떤가? 대부분의 사람들이 미래를 위한 소중한 시드머니(종잣돈)에 '여유자금'이라는 가짜 꼬리표를 붙이고는 대박을 쫓아 도박에 가까운 투자를 서슴지 않고 있어. 투기나 다름없는 이런 투자들은 큰 손해를 보고 끝나는 경우가 대부분이고, 가끔 수익이 생기더라도 이를 재투자하는 대신 이른바 '공돈'이라는 꼬리표를 붙여 소비해버리기 일쑤지."

"저도 예전에 열심히 재테크에 열을 올렸는데, 막상 지나고 보면 통장잔고는 얼마 없어 허탈했던 적이 한두 번 아니었습니다. 중간 중간 꽤 높은 수익도 냈었는데 대체 그 돈들은 다 어디로 사라진 건지……. 답답한 마음뿐이더라고요."

재성은 막걸리 한 잔을 들이켜고는 한숨을 내쉬었다.

"교수님, 도대체 왜 이런 현상이 발생하는 건가요? 제 생각에 꾸준히 10% 수익을 내는 것이나, 중간에 손실이 났어도 다음해에 훨씬 높은 수익을 달성하는 것이나 별 차이가 없을 것 같은데."

"역사가 증명하는 최고의 투자자산이 무엇인줄 아나?"

"당연히 주식 아닌가요?"

"틀렸네. 금리상품인 채권(저축)투자일세."

"그런가요."

"개별 투자자산의 평균수익률을 고려하면 단연 주식이 월등할 거야. 하지만 장기투자라는 관점에서 보면 채권 역시 주식 못지않은 수익률을 기록하고 있다네. 이는 바로 꾸준한 수익률과 복리의 위력에 기인한 바가 크지. 예를 들어볼까? A와 B 두 가지 투자 안이 있다고 해보세. 두 투자 안 모두 매년 10%의 기대수익률을 가지고 있지. 10년이 지나고, A의 경우 계획했던 대로 매년 10%의 수익을 달성한 반면 B의 경우 리스크관리 실패로 10년 중 2번 손실을 기록했다고 해보세. '단 2번의 손실이 얼마나 대단하겠어?' 라고 할지도 모르지만 실제 그 차이는 엄청나다네. 수익률에서 2배 이상 차이가 나니까."

"단 두 번의 손실로 수익의 절반을 까먹는다구요?"

수첩을 꺼낸 오 교수는 무언가를 한참 적었다.

"자, 여길 보게. A 투자안의 평균수익률이 연평균 10%라 할 때 1억 원을 투자하면 10년이 지난 후 약 2억 5900만 원이 되지. 하지만 중간에 −10%의 손실이 1회만 발생해도 4700만 원의 수익이 날아가. B의 케이스처럼 두 번의 손실이 발생한다면 수익의 절반이 날아가버리고 마는 거야."

1억 원을 투자했을 때 투자손실에 따른 수익률 차이

A 투자 안

시간	1년	2년	3년	4년	5년
수익률	10%	10%	10%	10%	10%
원리금	1억 1000만 원	1억 2100만 원	1억 3310만 원	1억 4641만 원	1억 6105만 원
	6년	7년	8년	9년	10년	계
	10%	10%	10%	10%	10%	159%
	1억 7716만 원	1억 9487만 원	2억 1436만 원	2억 3579만 원	2억 5937만 원	2억 5937만 원

B 투자 안

시간	1년	2년	3년	4년	5년
수익률	10%	10%	10%	10%	-10%
원리금	1억 1000만 원	1억 2100만 원	1억 3310만 원	1억 4641만 원	1억 3177만 원
	6년	7년	8년	9년	10년	계
	10%	10%	10%	10%	-10%	74%
	1억 4495만 원	1억 5944만 원	1억 7538만 원	1억 9292만 원	1억 7363만 원	1억 7363만 원

"정말 믿을 수 없네요."

"물론 수익률만 따져본 것이지만, 리스크관리와 재무목표 달성이라는 측면에서도 안정적인 수익률을 달성하는 것은 매우 중요하다네."

"장기적인 투자에서 안정적인 수익과 리스크관리가 얼마나 중요한지, 이제 조금 알 것 같습니다."

"주식이나 부동산으로 성공을 거둔 투자자들의 성공담을 듣다 보면 수익성과 효율성이 가장 중요한 것처럼 보이지. 그러나 아무리 좋은 상품에 투자한다 해도 끝까지 지속하지 못하면 좋은 수익을 기대하기 어렵다네. 적어도 장기투자에 있어서 성공적인 투자 열쇠는 수익성이 아니라 꾸준함에 있지."

"복리 효과에 대해 설명하실 때도 상품의 문제가 아니라 원금과 이자를 지속적으로 재투자하는 꾸준함과 관련 깊다는 말씀을 하셨지요. 같은 맥락이겠군요."

"그런 셈이지. 해마다 1월 1일이 되면 사람들은 너나 할 것 없이 담배를 끊어야지, 운동해서 살을 빼야지, 책을 꾸준히 읽어야지 등 한 해의 목표를 정하지. 하지만 빠르면 3일, 길어도 한두 달이 지나면 대부분 포기하지 않는가. 처음부터 대충대충 하려고 시작하는 사람이 어디 있겠나. 이처럼 목표한 바를 장기간 꾸준히 행동에 옮긴다는 것은 결코 쉬운 일이 아닐세."

"그렇습니다."

"장기투자에서, 그때그때 상황에 따라 이리저리 방법을 바꿔가며 투자하는 것보다 일정한 방법으로 꾸준히 투자하는 것이 성공의 지름길이라는 것은 익히 알려진 사실이지. 그럼에도 대다수의 사람들이 일희일비하며 단기수익을 쫓아 이리 갔다 저리 갔다를 반복하고, 결국은 기관투자자들의 좋은 먹잇감으로 전락하고 마는 것이 현실일세."

"바로 제가 그 좋은 먹잇감이었죠."

"수익이 좋은 투자상품을 찾고 싶은 마음이야 충분히 이해하지만, 머니푸어와 초보투자자에게 이런 것들은 성공 투자에 그다지 도움이 되지 않네. 기본으로 돌아가 꾸준하고 규칙적인 투자를 하는 것이 가장 중요해."

인플레이션의 습격

"성공 투자를 위한 또 한 가지 원칙은, 앞으로 어떤 의사결정을 하든 물가상승(인플레이션)이란 녀석을 꼭 염두에 두어야 한다는 것일세."

"맞아요. 제가 첫 직장생활을 시작하던 7~8년 전만 해도 한 끼 식사는 5000원 이내에서 해결이 가능했는데 지금은 7000~8000원이 기본입니다. 온몸으로 체감하고 있다니까요."

"인플레이션 이야기를 내가 왜 꺼냈는지 아는가?"

"물가가 오르는 것은 일단 안 좋잖아요. 그 말씀을 하시려는 것 아닌가요?"

"학교에서는 인플레이션이 무조건 나쁜 것이라고 배웠겠지만 실제로는 그렇지도 않다네. 일정한 수준에서, 즉 예측 가능한 범위 안에서 일어나는 인플레이션은 경기를 활성화시키고, 경제에 활력을 불어넣는 역할도 하지. 디플레이션으로 고통받는 일본의 예를 보아도 인플레이션이 꼭 나쁜 것만은 아니야."

"인플레이션이 왜 중요하다는 거죠?"

"내가 가진 돈을 빼앗아가는 도둑놈이기 때문이지."

"도둑놈이요?"

"인플레이션은 자산의 가치가 계속 떨어지는 것을 의미해. 100만 원의 현금을 장롱 깊숙이 묻어두었다고 해보세. 1년이 지나 이 돈을 꺼냈다면, 실질적으로 1년 전 그 100만 원과는 다를 거야."

재성은 묵묵히 오 교수의 이야기를 경청했다.

"여기서 물가란 말 그대로 재화나 자산 가격을 말하지. 휴지 한 롤에 1000원 하던 것이 1200원으로 오르고 라면 가격이 800원에서 900원으로 오르는 이유도 다 물가 때문이야. 물가가 오르면 현금자산의 가치는 반대로 떨어지게 마련이지."

"재화의 가격이 오르면 반대로 현금자산(화폐)의 가치는 떨어지게 마련이니까요."

"정작 문제는 자네가 월급을 쌀이 아닌 화폐로 받는다는 데 있네. 월급은 그대로인데 재화 가격이 오르면 월급이 줄어든 것과 마찬가지의 효과가 있지. 예컨대 월급은 그대로인데 10%의 물가상승이 있었다면, 이는 국가가 내 재산을 10% 빼앗아 간 것과 다름없어. 인플레이션을 보이지 않는 세금에 비유하는 이유도 이 때문이야. 물가상승은 자본주의 사회라면 어느 정도 필연적이지. 하지만 이러한 메커니즘을 인식하고 있느냐 그렇지 않느냐의 차이는 매우 크네."

"물가에 그런 비밀이 숨어 있는지는 미처 몰랐네요."

"다른 질문을 하나 해보지. 은행이나 금융기관에 돈을 맡기면 그 대가로 무엇을 받지?"

"이자를 받죠."

"반대로 은행이나 금융기관에서 돈을 빌리면 대가를 내야 하겠지?"

"그 또한 이자를 내야겠죠."

"맞았네. 하지만 돈을 맡기고 받는 이자와 돈을 빌리고 내는 이자는 같은 이자라도 의미가 다르지. 이자 또는 수익에도 여러 가지 의미가 숨어 있다네."

"여러 가지 의미요?"

"어렸을 때 에스컬레이터에서 거꾸로 걷거나 뛰는 장난을 쳐 본 적이 있지?"

"누구나 한번쯤은 그런 장난을 치죠."

"자네는 지금 아래로 내려가는 에스컬레이터 중간쯤에 서 있네. 그런데 위로 올라가는 것이 목표지. 자네는 위를 향해 한 걸음 한 걸음 내딛겠지? 조금만 걸으면 목표에 다다를 것이라 예상하겠지만 그 일이 쉽지 않다는 것을 곧 느끼겠지."

"제가 가고자 하는 방향이 에스컬레이터의 진행 방향과 반대니까요."

"맞아. 하지만 방법이 전혀 없는 것은 아닐 거야."

"에스컬레이터보다 빨리 움직이면 위층에 도달할 수 있죠."

"그렇지. 그러나 만약 제자리에 서 있다면 어떻게 되겠는가?"

"내가 가고자 하는 방향과 점점 멀어지지요."

"빙고! 여기에 비밀이 있네. 자네는 제자리에 있다고 생각하지만, 실은 점점 목표와 멀어지는 것. 이렇듯 인플레이션이란 녀석은 자네를 자네가 인식하지 못하는 사이에 원하는 곳의 반대 방향으로 데려다놓는 특징이 있어."

"……"

"대개 사람들은 현재 기준으로 모든 걸 판단하려는 경향이 강하다네. 그래서 '만기 시 납입한 원금을 돌려드립니다' 라는 보험 광고에 쉽게 현혹되곤 하지. 그래서 10년 전 가입한 1억 원짜리 종신보험이 여전히 가입 당시처럼 충분한 보장을 제공할 것이라 착각한다네. 결국 사람들은 물가상승에 대해서는 인식을 하고 있으면서도 현재 가치가 변하지 않을 것이라 착각하는 것일세."

"투자에 있어서도 이 녀석을 인식하는 것은 매우 중요한 숙제겠군요."

"매우 중요한 과제지. 마이너스 금리라는 말, 자주 들어봤겠지?"

"요즘 뉴스에서 매일 떠드는 이야기잖아요."

"마이너스 금리는 금리가 물가상승에 미치지 못하는 경우를 일컫는 말이지. 다시 말해 '금리<물가상승'을 뜻해. 그렇다면 물가상승이 금리보다 높은 게 도대체 왜 문제라는 걸까?"

"글쎄요."

"인플레이션의 실체를 이해하려면 먼저 돈에는 '시간의 가격'이 있다는 것을 이해해야 하네."

"점점 더 어려워지는데요."

"돈의 가격은 시간가치에 의해 커다란 영향을 받는다네. 원리는 아주 간단해. 예를 들어 '지금 1000만 원은 1년 뒤의 1000만 원과 다르다'는 전제를 떠올리면 되네. 누군가 자네에게 '지금 1000만 원을 주는 것과 1년 후에 1000만 원을 주는 것 중 한 가지를 선택하라'고 하면 어떨까?"

"당연히 지금 당장 1000만 원을 선택하겠죠."

"그 당연한 선택 속에 물가상승과 기회비용이라는 원리가 숨어 있다네."

"무슨 의미죠?"

"다시 질문을 하겠네. '지금 1000만 원을 받는 것과 1년 뒤에 1050만 원을 받는 것 중 어느 쪽을 선택하겠는가?'"

"……음."

"지금 두 가지를 고민하고 있을 거야. '50만 원의 수익'과 '1000만 원에 대한 1년의 기회비용'에 대해서."

"족집게시네요."

"오늘의 1000만 원을 1년 후의 1050만 원으로 교환한다면 50만 원이 돈의 가격, 즉 이자율이 되는 거야. 이처럼 돈의 가치는 시간에 따라 달라진다네. 결국 이자나 수익은 어떤 가치에 대한 시간의 보상이라 할 수 있지. 이 시간 보상에 대한 대표적인 예가 물가상승이야."

"그렇군요."

"조금 더 깊이 들어가볼까? 수익률에는 여러 종류가 있어. 예를 들어 물가상승을 전혀 고려하지 않은 이자율을 '명목이자율'이라 하네."

"우리가 일반적으로 인식하는 이자율을 말하는 거죠?"

"잘 알고 있군. 물가상승은 고려하지 않고 전적으로 수익률 자체만을 고려하는 것이 바로 명목수익률이지. 반면 '실질이자율'은 명목수익률에서 물가상승률을 뺀 수치를 의미해. 만기 정기예금의 이자율이 5%이고 물가가 3% 올랐다면 실질수익률은 2%가 되는 것이지."

"물가상승률을 초과한 만큼의 수익률만이 나의 실질 수익이란 말씀이군요."

> 실제 내 돈의 수익률 = 물가상승률을 초과한 만큼의 수익률

"이해력이 정말 빠르군. 훌륭해."

오 교수가 엄지손가락을 치켜들었다.

"은행에서 흔히 사용하는 명목금리라는 것에도 한 가지 재미있는 사실이 숨어 있어. 명목금리는 다시 표면금리와 실효금리로 구분할 수 있지. 표면금리란 우리가 숫자로 접하는 금리, 즉 겉으로 보이는 금리를 말하고, 실효금리는 실제로 지급받는 수익을 기준으로 환산한 금리를 말하지. 실효금리가 중요한 점은 표면금리가 같은 예금이라도 이자 계산법이나 세금 부과 여부,

예금과 적금의 차이

구분	예금	적금	비고
표면금리	5%	5%	5% 동일
만기	1년	12개월	
비용	1200만 원	월 초 100만 원	
세전수익	1260만 원	1233만 원	
세후수익	1251만 원	1227만 원	
실효수익	51만 원(4.23%)	27만 원(2.25%)	예금 대비 53% 수준

적금식인지 거치식인지 등에 따라 천차만별 달라질 수 있다는 사실 때문일세. 같은 5%의 표면금리를 가진 상품이지만 이자소득세(15.4%)를 과세하는 상품이라면 세후 실효금리는 4.23%가 되겠지. 예금이 아니라 적금이라면 실효금리는 2.71%로 떨어지고, 여기에 이자소득세를 과세하고 나면 세후 실효금리가 2.25%까지 떨어지는 거야."

"막상 비교해보니 차이가 큰데요?"

"역시 그렇지? 이번에는 실질수익률을 살펴보자고. 실질수익률은 실효수익률에서 물가상승률을 차감하면 되겠지. 물가상승률은 3%만 감안하자고. 5%짜리 표면금리 예금의 세후 실효금리는 4.23%니까 여기에 3% 물가상승률을 차감하고 나면 실

적금의 형태

월	1	2	3	4	5	6	7	8	9	10	11	12	이자
1	100만 원												12xy
2		100만 원											11xy
3			100만 원										10xy
4				100만 원									9xy
5					100만 원								8xy
6						100만 원							7xy
7							100만 원						6xy
8								100만 원					5xy
9									100만 원				4xy
10										100만 원			3xy
11											100만 원		2xy
12												100만 원	1xy

실제 예치 기간(월)

표면이자율 5% 시의 수익 합계   27만 원

질수익률(실질금리)은 1.23%에 불과하다는 결론이 나오지."

"적금의 경우는 더욱 심각하겠는데요. 5% 표면금리 정기적금의 세후 실효금리는 2.25%에 불과하니까, 3%를 차감하면 마이너스가 되겠네요?"

"이러한 경우 자산은 표면적으로는 늘어난 것처럼 보이지만 실제 자산 가치는 1.25%가량 감소한 것이나 다름없지. 때문에 앞으로는 항상 표면금리가 아닌 실효금리 또는 실효수익률을 감안하는 습관을 들여야 해. 나아가 이 실효수익률과 물가상승률을 감안해 투자하는 습관을 들이는 것이 중요하지."

"물가상승률을 빼고 나면 수익률은 정말 형편없어지겠어요."

재성은 절로 한숨이 나왔다.

"더욱 심각한 사실은 실제 체감하는 물가상승률과 일반적인 수치로 발표되는 물가상승률이 다르다는 점일세. 보통 수치로 발표되는 물가상승률은 주요 소비재만을 대상으로 한 것이거든. 실생활에서 가장 크게 실감하는 교육비 상승률, 전세값 상승률, 대표적인 고가 소비재인 자동차 등은 이 물가상승률에 반영되어 있지 않지."

5% 금리 저축상품 투자 시 실질금리

구분	예금	적금	비고
표면금리	5%	5%	5%로 동일
세후실효금리	4.23%	2.25%	
물가상승률	3%	3%	
실질금리	1.23%	−0.75%	물가반영시 실질수익률

"결국 보이지 않는 차이는 더 클 수 있다는 뜻이네요. 그런데 마이너스 금리에 대해서는 이해를 했는데, 이게 왜 그토록 중요한 거죠?"

"왜 중요하냐니? 허허, 지금까지 내 이야기를 허투루 들은 게로군."

오 교수가 잠시 난감한 표정을 지었다.

"이쯤에서 한 가지 짚고 넘어가야 할 것이 있어. 바로 기회비용일세. 경제활동에서 기회비용이 중요한 이유는 한정된 자원 내에서 모든 투자에는 선택이 뒤따르기 때문이지. 예를 들어 1억 원을 은행예금과 주식에 투자할 기회가 있다고 해보세. 만약 예금에 가입해 5%의 이자를 받을 수 있었다면 위와 같은 결과를 얻을 수 있었겠지? 하지만 주식에 투자해 10%의 수익을 올렸다면 예금에 가입한 사람은 연 5%의 기회손실을 본 것이나 마찬가지일세."

"투자를 하려면 기회비용보다 높은 성과를 내기 위해 노력해야 한다는 말씀이군요?"

"정답이네. 2005년 A금융연구소의 조사결과에 의하면 미국의 금융자산 비중은 약 49%인 데 반해 우리나라는 15%에 불과한 것으로 나타났네. 그나마 금융자산 중 안전성이 높은 저축상품의 비중은 미국이 15%인 데 반해 우리나라는 자그마치 61%에 달하는 것으로 나타났지. 더 큰 문제는 부동산에 자산이 편중되어 있다는 점이야. 부동산에 극도로 편중된 자산구조는 다른 나라와의 비교를 떠나 분산투자 관점에서도 바람직하다고

Think!
야누스의 두 얼굴

모든 투자행위의 궁극적 목표는 자산의 증대다. 자산의 증대는 두 가지 측면에서 생각할 수 있다. 첫째, '절대적 자산가치의 증가'다. 이는 대부분의 사람들이 알고 있는 자산의 가치다. 예를 들어 1억 원에 산 집이 2억 원이 되었다면 자산가치는 1억 원이 증가한 것이다. 주식에 5000만 원을 투자해 7000만 원이 되었다면 2000만 원의 자산가치가 증가한 셈이다. 이렇듯 대부분의 사람들은 자산가치의 증가를 절대적 가치로 판단한다.

하지만 부의 기준을 상대성원리에 입각해 생각한다면 전혀 다른 시각이 가능하다. 1억 원에 산 집이 2억 원이 되었다. 하지만 다른 집들은 평균 3억 원이 되었다. 이때 어떤 느낌이 들겠는가? 1억 원의 자산이 증가했지만 전혀 다른 느낌이다.

둘째, 실질수익률의 관점이다. 1억 원에 산 집이 2억 원이 되었다. 구입 시점이 10년 전이었고, 그동안 평균 물가상승률은 4%였다. 자산가치는 1억 원이 늘어났지만 실제 구매력 측면에서는 1억 원이 아니라 6756만 원의 수익이 발생한 것이다.

셋째, 기회비용이다. 1억 원의 돈을 집이 아닌 주식에 투자했다면? 그리고 10년 동안 주식의 평균수익률이 10%였다면 어떤 결과가 나타났을까? 2억 5937만 원이 되었을 것이다. 이러한 관점에서 생각하면 이익이 아니라 5937만의 손실을 입은 것이나 다름없다.

어떠한 현상이나 사건은 하나지만 바라보는 시각은 여러 가지다. 어떠한 관점으로 바라볼 것인가는 전적으로 본인의 몫이다.

할 수 없지."

"교수님 말씀대로라면, 일단 물가상승률 이상의 투자수익률을 유지하기 위해 결국 주식에 투자해야 한다는 말씀인가요?"

"전 재산을 주식에 올인하라는 말은 아니야. 하지만 현재와 같은 저금리 경제에서는 자산의 일부를 주식과 같은 리스크자산에 투자해서 수익률을 끌어올릴 필요가 있다는 거지."

뭉치면 죽는다?

오 교수의 잔에 막걸리를 따르며 재성이 말했다.
"교수님! 오늘 말씀해주신 내용을 종합해봤는데…… 왠지 앞뒤가 맞지 않는다는 느낌이 듭니다. 저만의 우려일지 모르겠지만, 물가상승률을 초과하는 실질수익률을 올리려면, 안정적인 자산에만 투자해서는 안 될 것 같은 생각이 듭니다. 그렇다면 결국 리스크가 높은 자산에 투자해야 한다는 결론에 도달하는데……. 그것은 투자 원칙과는 상반되지 않습니까? 일정 수준 이상의 수익률도 달성하면서 동시에 안정성까지 고려한 투자를 한다는 것이 가능한가요?"
"불가능할 것도 없지."
"무슨 말씀이신지 모르겠군요. 고수익에는 항상 리스크가 수반된다고 지금까지 강조했잖아요."
"그걸 가능케 하는 것이야말로 리스크관리의 핵심이라 할 수 있지. 대표적인 것이 '분산투자를 통한 자산배분전략'일세. 이것이야말로 장기투자에서의 제일가는 핵심 내용이기도 하지."
"'달걀을 한 바구니에 담지 말라.' 뭐 그런 이야기를 하시려는 건가요?"

"쉽게 핵심만 설명하면, 가지고 있는 자산을 여러 개로 분산하라는 의미일세."

"분산투자는 누구나 아는 상식 아닙니까."

"자네는 자산 배분을 하는 목적이 무엇이라 생각하나."

"리스크를 줄이기 위한 방법 아닌가요?"

"아무렇게나 나누어 투자하는 것이 아니야. 각각의 투자자산이 가지고 있는 리스크 수준에서 가장 높은 수익률을 달성할 수 있는 투자자산을 패키지 형태로 구성하는 게 자산배분의 핵심이지. 그렇게 하면 가장 효율적인 투자효과를 달성할 수 있네. 이렇게 자산배분을 한 투자의 집합을 '투자 포트폴리오' 라 하지. 원래 포트폴리오란 말은 유대인들이 집문서 같은 자산가치가 있는 서류들을 담아가지고 다니던 가방을 부르는 말이었다고 하더군. 현대 재테크에서 말하는 포트폴리오의 개념 역시 '여러 자산의 조합 혹은 집합'을 의미하지."

"일종의 세트 메뉴 같은 개념이군요?"

"그렇다고 할 수 있지. 가령 A라는 투자자가 부동산에 1억, 예금에 1억, 주식에 1억, 채권에 1억을 투자했다고 가정하면, 이 모든 것을 하나로 묶어 'A의 투자 포트폴리오' 라 할 수 있어. 포트폴리오는 투자자산의 구성 또는 집합이라는 뜻으로도 사용되지만 효율적인 분산투자를 설명하는 개념으로도 사용된다네."

"분산투자를 통해 효율적으로 자산 포트폴리오를 구성하면 리스크를 획기적으로 줄일 수 있다……. 학창시절에 배운 내용이네요."

"요점만 쉽게 설명할 테니 잘 듣게. 분산투자를 통해 수익률을 극대화하면서 리스크는 획기적으로 줄일 수 있다는 이 이론은 크게 두 가지로 요약할 수 있네. 첫 번째, 투자를 할 때 수익률만 고려해서는 안 된다는 점일세."

"수익률만 고려하면 안 된다? 고수익에는 항상 높은 리스크가 뒤따른다는 말씀을 하시려는 거죠?"

"투자자라면 누구나 알고 있는 게 바로 하이리스크 하이리턴 법칙이지. 돈의 생리를 이만큼 잘 표현한 말도 없을 거야. 결국 큰 수익이란 큰 리스크를 감수한 결과이고, 돈을 벌기 위해서는 큰 리스크를 감수할 수밖에 없다는 투자의 진리를 내포하고 있지. 그렇다고 무조건 큰 리스크를 감수하라는 이야기는 아니야. 고수익의 이면에 큰 리스크가 도사리고 있다는 양면성을 인식해야 한다는 의미지. 투자행위의 궁극적 목적은 최고의 수익을 달성하는 것 아니겠나?"

"당연하죠."

"그러기 위해서는 일정 부분 리스크를 감수하는 노력이 필요하네. 하지만 고수익을 위해 무조건 리스크를 감수할 수도 없는 노릇이지. 지나치게 수익성만 쫓다보면 자신도 모르는 사이에 엄청난 리스크자산에 '몰빵' 하고 있는 자신을 발견하게 될 테니까. 반대로 너무 안정성만 따지면 저금리 시대 물가상승이라는 굴레에 갇혀 영원히 제자리를 맴돌다 끝날 것이고."

"말 그대로 이러지도 못하고 저러지도 못하는 상황이네요.

그럼 도대체 어떻게 해야 하죠?"

"리스크를 감수하되 이를 최소화하고, 반대로 수익은 극대화하는 방법을 찾는 것이지."

"높은 수익에는 항상 높은 리스크가 그림자처럼 따라다닌다고 하셨잖아요! 그런데 어떻게 그것이 가능하단 말입니까?"

"리스크를 100% 없애는 것은 불가능한 미션이야. 하지만 일정 부분 줄이는 것은 얼마든지 가능하다네."

"정말이요?"

"포트폴리오 이론에 숨어 있는 두 번째 법칙에 그 해답이 있네."

"참, 두 번째 법칙이 있었죠?"

"계란을 한 바구니에 담지 말라. 포트폴리오 이론이 설명하고 있는 중요한 두 번째 사실은 분산투자의 효과일세. 모든 자산에는 자산 고유의 특성이 있기 마련이지. 주식은 주식 나름대로의 특성이 있고, 채권, 부동산, 예적금 등도 모두 나름대로의 특성이 있지. 예를 들어 주식은 경기에 매우 민감하게 반응하며, 단기적인 변화도 큰 특징이 있지. 부동산은 경기에 상대적으로 둔감하게 반응하며 주식에 비해 뒤늦게 반응하는 특징이 있고. 예적금 등의 저축상품은 경기와 상관없이 일정한 수익을 제공한다네. 예적금 등의 금리상품이 왜 무리스크자산이라 불리는지 알 수 있는 대목이기도 하지. 반면 채권은 경기 외에도 이자율의 변화에 민감한 특성이 있다네."

"……."

"이렇듯 특성이 각각 다르고, 그래서 일정한 환경 변화에 똑같이 노출된다 해도 결과는 자산별로 다르게 나타나네. 이를 더 세분화할 수 있을 거야. 주식은 개별 종목에 따라 특성이 각기 다르며 부동산은 강남, 강북, 지방 등 지역 특성이 다르고 상가, 빌딩, 호텔, 토지, 주택 등 용도에 따라 다른 결과를 보이게 마련이지. 이처럼 모든 자산은 조금씩 다른 특성이 있다네."

"아, 그렇군요."

"이렇게 특성이 다르니까, 자산을 여러 개로 분산해 소유함으로써 한 곳에 집중했을 때 발생할 수 있는 불확실성(리스크)을 상당 부분 제거하면서 최적의 수익을 올릴 가능성도 있는 거야."

"그렇다면 리스크를 완전히 없앨 수도 있나요?"

"불행히도 리스크를 완벽히 없앨 수는 없네. 먼저 리스크에 대한 설명이 선행되어야겠군. 투자행위를 통해 직면할 수 있는 리스크는 크게 두 가지야. 체계적 리스크와 비체계적 리스크지. 체계적 리스크는 피할 수 없는 리스크를 의미하고, 비체계적 리스크는 피할 수 있는 리스크지."

"체계적 리스크와 비체계적 리스크……."

"체계적 리스크는 시장 전체의 리스크를 의미하고, 비체계적 리스크는 시장과 무관한 개별 리스크를 의미해. 여기 100명의 졸업생과 50개의 일자리가 있다고 가정해보세. 50개의 일자리는 100명 개개인의 능력과 커리어에 따라 채워지지. 50%의 확

> 체계적 리스크 = 시장 전체의 리스크
> → 경기변동, 시장이자율 변동, 정책의 변경 등
>
> 비체계적 리스크 = 자산 고유의 개별적 리스크
> → 신기술개발, 노사분규, 합병, 부도 등

률이지만 열심히 노력한 상위 50명의 졸업생은 실업자란 리스크를 피해갈 수 있을 거야. 그런데 만약 지독한 경기불황으로 단 한 개의 일자리도 없다고 가정하면 어떻겠는가?"

"개인의 능력과 별개로, 누구도 실업자 신세를 면하기 어렵겠지요."

"여기서 '개인의 능력과 노력'에 의해 실업을 피해갈 수 있는 상황을 비체계적 리스크라 한다면, '경기불황으로 일자리가 전혀 없는 상황'은 누구도 피해갈 수 없는 체계적 리스크라 할 수 있을 거야."

"그런 의미군요. 이제 이해가 좀 됩니다."

"다시 투자의 세계로 돌아와서, 체계적 리스크는 시장 전체의 리스크를 의미하지. 대표적으로 경기변동, 국가의 정책 변경 등이 이에 해당돼. 체계적 리스크는 시장에 참여하고 있다면 누구도 피해갈 수 없다는 점에서 이미 리스크관리의 통제 영역을 벗어나 있지. 극심한 경기침체로 주식의 수익률이 낮다면 아무리 분산투자를 해도 손실을 피하기 어려울 거야. 이에 반해 비체계적 리스크는 시장과 무관한 개별 리스크를 의미하네. 신기술개발, 노사분규, 합병, 부도 등 개별 기업 고유의 리스크가 이에 해당하지. 이처럼 체계적 리스크가 통제 불가능한 리스크인 데 반해, 비체계적 리스크는 적절한 투자 포트폴리오와 분산투자 효과 등으로 상당 부분 줄일 수 있다네."

"리스크는 줄일 수 있지만 수익도 줄어드는 것 아닌가요?"

"좋은 지적이네. 분산투자가 완벽한 것은 아니야. 자네 말처럼 줄어드는 리스크의 크기만큼 수익의 크기도 희생된다는 점은 피할 수 없으니까. 분산투자를 통해 줄어드는 리스크의 크기만큼 기대수익률의 크기도 상대적으로 줄어들지. 예를 들어 A, B 회사에 주식투자를 했다고 해보세."

오 교수는 수첩에 다시 무언가를 적었다. 잠시 후 재성에게 보여준 수첩에는 이런 글이 쓰여 있었다.

> 1안: A 회사에 100% 투자한 경우
> 2안: B 회사에 100% 투자한 경우
> 3안: A, B 회사에 50%씩 분산투자한 경우

"자네가 두 회사를 놓고 투자안을 선택한다면 여기 적혀 있는 것처럼 크게 3가지 경우의 하나에 해당하겠지."

"그렇겠네요."

"두 회사 모두 특별한 문제가 발생하지 않는다면 10%의 수익을 달성한다고 가정하겠네."

"기대수익률이 10%인 셈이군요?"

아무 일 없이 기대수익률 10% 달성 시

	A주식		B주식		계
	수익률	투자비중	수익률	투자비중	평균수익률
1안	10%	100%	10%	0%	10%
2안	10%	0%	10%	100%	10%
3안	10%	50%	10%	50%	10%

"두 회사의 기대수익률이 동일하므로, 만약 1년간 아무 일도 발생하지 않는다면 1, 2, 3안 모두 10%의 수익을 올렸겠지? 하지만 리스크라는 요소를 감안하면 이야기가 달라질 걸세."

"어떤 리스크 요소를 감안하죠?"

"리스크의 종류는 많지. 예를 들어 노사분규가 일어났다고 해보세. 이 경우에 기대했던 수익을 달성할 수 없다고 가정해보겠네."

"그렇다면 노사분규가 일어났을 때의 기대수익률은 0%로 하면 되겠군요."

"만약 A회사에 예기치 못한 노사분규라는 리스크가 발생했다면 어떻게 될까?"

수첩을 한참 들여다보며 고심하던 재성이 입을 열었다.

"우선 1안의 경우 수익률이 제로가 되겠네요. 2안의 경우에는 여전히 10%의 수익을 올릴 테고, 3안의 경우 A회사에 투자한 50%는 수익을 전혀 못 올리고 B회사에 투자한 50%는 10% 수익을 달성할 테니 총 5%의 수익이 발생하겠네요."

A회사 노사분규 발생 시

	A주식		B주식		계
	수익률	투자비중	수익률	투자비중	평균수익률
1안	0%	100%	10%	0%	0%
2안	0%	0%	10%	100%	10%
3안	0%	50%	10%	50%	5%

"정답이군. 물론 결과만 놓고 보면 2안에 투자하는 것이 최선의 선택이라 할 수 있지. 하지만 2안 역시 결과론적인 이야기일 뿐 최초 투자 시점에서 본다면 1안과 동일한 리스크가 존재한다고 할 수 있을 거야."

"그렇겠죠. 최초 투자 시점에서 본다면 A회사에 리스크가 발생할지, B회사에 리스크가 발생할지 또는 아무런 문제도 발생하지 않을지 예측이 어려웠을 테니까."

"리스크가 크다면 수익률이 높다고 해서 무조건 좋은 투자안은 아니라는 것을 명심해야 한다네. 다시 최초 투자 시점으로 가볼까?"

오 교수는 수첩에 메모를 한 후 재성에게 보여주었다.

"여길 보게. 아무런 사고도 발생하지 않았을 경우가 당연히 최고의 상황이 될 테고, 반대로 A 또는 B기업에 노사분규가 발생하는 상황을 최악의 상황이라 가정할 수 있겠지?"

"그렇죠."

"결국 1안과 2안의 경우 최고 상황에서 10%의 수익률을, 반대로 최악의 상황이 발생했다면 0%의 수익률을 달성할 수 있지. 리스크가 발생할 확률 역시 50:50이라 가정한다면 1안과 2안의 평균기대수익률은 5%가 되겠지? 그렇다면 3안의 경우에는 어떨까?"

"분산투자를 했다 해도 아무런 사고가 발생하지 않았다면 수익률은 10%가 되겠군요. 그리고 최악의 상황에서는……. 0%가 아니고 5%네요? 이렇게 되면 평균기대수익률 역시 7.5%로 더 높아지는군요."

최고/최악의 상황이 발생했을 경우

	최대	최저	평균 기대수익률	변동성
1안	10%	0%	5%	5%
2안	10%	0%	5%	5%
3안	10%	5%	7.5%	2.5%

"그렇지? 단순히 두 회사에 나누어 분산투자를 함으로써 리스크가 줄어드는 효과를 얻을 수 있는 거야. 또한 투자에서 리스크의 척도라 할 수 있는 변동성(표준편차) 역시 줄어든 것을 알 수 있지."

"분산투자를 함으로써 리스크와 기대수익률 모두 나아지는 결과가 발생했네요!"

"이것은 하나의 케이스에 불과해. '투자자산을 어떻게 구성하는가', '투자비중을 어떻게 구성하는가' 등의 여러 상황에 따라 결과는 다른 양상으로 나타날 수도 있을 거야. 하지만 효율적인 포트폴리오를 갖추고 분산투자를 통해 일정한 수익률 하에서 리스크를 낮출 수 있다는 점만은 명백한 사실이지."

"효율적인 분산투자를 통해 일정한 수익률을 달성하면서도 리스크는 현격하게 낮추는 것이 가능하단 말씀이군요."

"이렇듯 투자 대안을 혼합하면 특정 자산에 투자했을 경우 수익률 편차, 즉 변동성이 현저하게 줄어들지. 바로 이 점이 포트폴리오 투자의 가장 큰 매력이라 할 수 있어. 자본주의가 성숙하고 인구 고령화가 진행되어 저성장이 굳어질수록 분산투자의 위력은 강해질 걸세."

"이제야 분산투자의 진정한 의미를 조금 알 것 같습니다."

"어떤 자산이건 가격이 폭등할 기회가 있겠지만 그 기회를 모두 잡을 수는 없네. 또 어떤 투자도 계속해서 1위 수익률을 기록하지는 못하지. 그렇다면 장기 관점에서 포트폴리오를 구성해 분산투자하는 것이야말로 가장 현명한 선택이라 할 수 있을 거야. 리스크와 수익을 합리적으로 통제하는 방법 역시 분산투자가 최적의 대안이 되어줄 걸세. 가격 변동은 그 움직임 자체가 투자자의 판단을 왜곡시키는 힘을 갖고 있지. 따라서 이러한 가격 변동의 마력에 휘둘리지 않는 게 무엇보다 중요해. 하락 국면에서나 상승 국면에서나 일관성 있게 분산 원칙을 지켜나가는 것이야말로 성공 투자에 이르는 최선의 방법임을 명심하게."

LESSON 9
분산투자에도 전략이 필요하다

보통 분산투자라 하면 '자산 비중의 배분만을 의미한다'고 생각하기 쉽지만 이는 틀린 생각이다. 큰 범주로 주식, 부동산, 채권, 현금성자산 등의 투자 비중을 조절하는 것도 분산투자의 큰 범주다. 주식이라는 자산 내에서도 분산투자를 고려해야 하고, 부동산 내에서도 분산투자를 고려해야 한다. 말 그대로 분산투자의 생활화가 필요하다.

1. 자산을 분산하라
현금성 자산, 채권, 주식, 부동산 등으로 포트폴리오의 투자 비중을 조절해야 한다. 가장 기본적이고 확실한 투자전략이라 할 수 있다.

2. 지역을 분산하라
만약 금융자산이라면 지역을 분산, 국내시장과 해외시장에 나누어 투자하는 것을 생각할 수 있다. 부동산 자산이라면 국내에서도 한 지역에 편중되기보다는 여러 지역에 나누어 투자하는 것이 리스크를 줄이는 방법이다.

3. 투자 시점을 분산하라
특정 자산에 투자할 때 한 시기에 몰아서 투자하는 게 아니라 시간을 두고 나누어 투자하는 것 또한 분산투자의 효과를 높이는 비결이다. 이왕이면 시장이 저평가되었을 때 싸게 매수하고 고점일 때 비싸게 매도하는 것이 정석이지만, 이는 만화 속에서나 가능하며 현실에서는 매우 어려운 일이다.

금융자산에 투자한다면 가장 좋은 방법은 적립식 투자방식을 활용하는 것이다. 물론 목돈의 투자방식에서 적립식 투자는 적합한 방법이 아니다. 목돈의 경우 안전자산과 리스크자산에 적절히 배분해 투자하는 자산배분전략이 보다 유용하다. 하지만 목돈을 투자함에 있어서도 어느 정도는 시점을 나누어 투자해야 한다.

장밋빛 환상을 보다

어느덧 밤이 깊었다. 차량들의 행렬이 뜸해지고 거리를 오가는 사람들도 줄어들었다. 두 사람이 천천히 술잔을 기울였다.

"참, 자네 주식투자를 했었다고 했지? 혹시 지금도 하고 있나?"

"대부분 정리하고 조금 남아 있습니다."

"돈은 좀 벌었나?"

"벌긴요. 오히려 그 반대죠."

"주식투자로 돈을 버는 것이 쉽지 않지?"

"투자를 통해 돈을 버는 것이 쉽지 않다는 것과, 그로 인해 목적을 이루는 사람이 많지 않다는 것을 절실히 깨닫고 있습니다."

"맞아. 주식투자를 통해 돈을 버는 것은 정말 쉽지 않지. 하지만 우리 주변에는 여전히 취미 삼아 주식한다는 사람들이 많아. 모르긴 몰라도 그 사람들에게 주식투자는 가장 값비싼 취미에 해당할 걸세."

"정말 그렇지요. 더군다나 막대한 정신적, 시간적 비용은 포함되어 있지 않다는 점도 고려해야겠죠."

"많은 사람들이 오로지 돈을 벌기 위한 목적으로 투자라는 거대한 바다에 뛰어들지. 바다는 잔잔할 때는 풍부한 자원을 안겨주지만, 갑자기 거대한 쓰나미를 일으켜 모든 것을 송두리째 앗아가는 무서운 곳이기도 하다네. 수영을 아주 잘하는 사람도 조심스럽게 헤엄쳐야 살아남을 수 있어. 하물며 수영을 제대로 못하는 사람이 무작정 바다에 뛰어든다면 결과는 불 보듯 뻔할 수밖에."

"너무 비관적이네요."

"그렇게 들렸나? 난 단지, 주식투자를 전업으로 하는 개인투자자가 장기적으로 안정적인 수익을 내는 게 결코 쉽지 않다는 사실을 알려주고 싶었을 뿐이네. 물론 때때로 몇 번의 큰 성공을 거둘 수는 있겠지. 그러나 장기적 관점에서 목적지까지 꾸준한 수익을 달성하기란, 아무리 긍정적으로 생각해도 결코 쉬운 일이 아니지."

재성은 말없이 고개만 끄덕였다.

"개인투자자가 직접투자에 실패하는 데는 몇 가지 이유가 있다네."

"뭐죠?"

"첫째는 주식의 가격만 보고 투자한다는 점이야. 워렌 버핏처럼 유명한 투자자들은 '기업을 매수하듯 주식을 매수하라'고 충고하지. 하지만 현실에서는 어떨까? 개인투자자의 상대적인 정보 부재와 시간 부족을 생각할 때, 기업을 매수하듯 주식을 매수하는 것은 현실에서 거의 불가능에 가까운 미션이라 할 수 있지."

"이론과 실제는 다르니까요."

"리스크자산에 투자함으로써 얻는 추가수익을 리스크를 부담한 대가라는 의미에서 '리스크 프리미엄'이라 하네. 리스크 프리미엄이 높은 자산은 변동성, 즉 리스크 역시 크다는 의미를 내포하고 있지. 예컨대 50%의 수익을 바라고 투자했다면, 50%의 손실도 감당할 수 있는 마음의 준비가 되어 있어야 하네. 하지만 실제로는 어떤가? 대부분의 투자자들은 50%의 손실에는 전혀 마음의 준비를 하지 않으면서 50%의 수익을 바라는 투자에는 거침없이 뛰어든다네. 이런 상황에서 주식가격이 하락한다면 어떻게 되겠나?"

"손실 대비 없이 막연한 수익만을 기대했던 투자자들이라면 패닉에 휩싸여 도망가기 급급하겠죠."

"반대로 주식시장이 연일 신고가를 경신하면서 고점에 이르면 하나 둘 주식시장으로 몰려드는 행태를 반복하지."

"이른바 높을 때 사고, 쌀 때 파는 악순환의 반복인 셈이군요. 그런데 교수님, 쌀 때 사서 비쌀 때 파는 것은 삼척동자도 아는 원칙인데, 실제로는 왜 이런 현상이 반복되는 거죠?"

"이 같은 효과를 심리학자인 리처드 탈러 교수는 '손실혐오'와 '소유효과'라는 현상으로 설명했다네."

"무슨 의미죠?"

"손실혐오는 대부분의 사람들이 이득보다 손실을 더욱 크게 받아들이는 현상을 말하네. 주식이 반토막 나서 1000만 원을 잃었다고 가정해보세. 기분이 어떤가?"

"짜증나겠지요."

"거꾸로 1000만 원을 벌었다고 가정하면?"

"당연히 좋겠지요."

"두 가지 기분 중에 더욱 강렬하게 다가오는 것은 어느 쪽이지?"

"1000만 원을 잃었다는 상상을 할 때가 더 끔찍하군요."

"1000만 원을 벌었다는 사실보다 1000만 원을 잃었다는 사실을 더 강하게 부정하고 싶은 심리 현상을 손실혐오라 하네. 손실의 확정을 인정하기 싫어하는 심리지."

"이득에 의한 기쁨보다 손실에 의한 아픔을 더 기피한다는 뜻이군요. 제 경우를 떠올려보아도 정말 그랬습니다."

"자네뿐 아니라 어느 누구라도 마찬가지일 거야. 그리고 이런 심리는, 주식시장에서 주가가 상승해 이익이 확정된 주식은 쉽게 팔아버리는 반면, 하락해서 손실이 난 주식은 쉽게 팔지 못하는 현상으로 나타나곤 해."

"맞아요. 손절매를 해야 한다는 사실을 알면서도, 손실이 난 상태에서 매도를 하는 건 정말 쉽지 않은 결정이죠. 현실을 인정하고 싶지 않으니까요."

"그뿐만이 아닐세. 1000만 원을 투자해 20%의 손실이 났다면 현재 내 자산은 800만 원이 되어 있겠지? 하지만 이러한 손실혐오 효과는 현재 나의 자산이 800만 원이라는 객관적 사실보다 1000만 원이라는 최초의 가치를 떨쳐버리지 못하게 하는 경향이 있지. 이 같은 착각은 더 큰 화를 불러온다네."

"잃지 않는 투자의 중요성에 대해 설명할 때 하신 말씀이네요. 손실혐오란 녀석, 은근히 이성을 마비시키는 술수를 부리는 군요."

"주식투자에서 성공하는 사람이 별로 없는 이유는 또 있네."

"또 뭐죠?"

"적절한 타이밍을 찾기 어렵기 때문일세. 이를 증명하는 재미있는 통계가 있지. 지난 30년 동안 미국 주식시장의 연평균 수익률은 12% 정도였어. 하지만 한 연구결과에 의하면 30년이라는 기간 중 주가지수 상승률이 가장 높았던 상위 40일을 **빼면 연평균 수익률은 7%**에 불과했다네. 단 40일의 차이지만 수익률은 거의 절반이 줄어드는 흥미로운 결과를 보인 거야. 이를 날짜로 환산하면 1만 950일 중에 40일에 해당하니 비중으로 보면 0.35%에 불과하다네."

"고작 0.35%!"

"우리나라 주식시장도 예외가 아니야. 2001년부터 2011년까지 10년간 우리나라 주식시장의 총수익률은 134%에 달했어. 하지만 주가가 많이 올랐던 상위 10일을 제외하면 그 수치는 22%에 불과하다네. 전체 투자 기간의 0.3%에 불과한 단 10일의 차이로 인해 전체 수익의 5/6가 날아가버리는 셈이지."

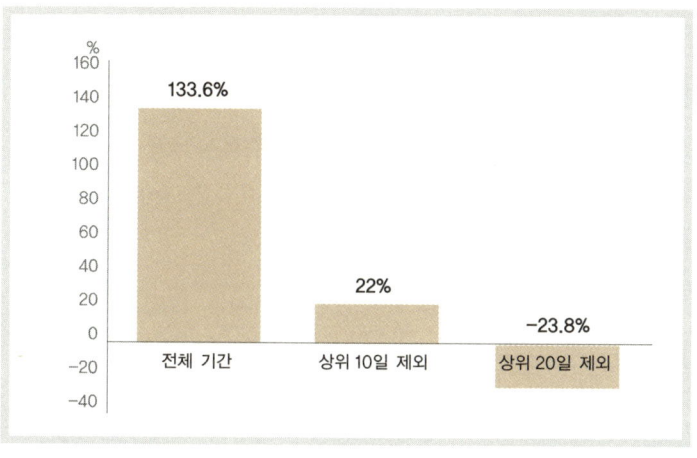

자료 : 미래에셋 자산운용

"결정적인 타이밍을 찾는 것이 전체 수익률을 좌우한다는 뜻이군요."

"그렇게 해석할 수도 있겠지. 하지만 역설적으로, 타이밍을 정확히 포착하기란 사실상 불가능에 가깝다는 뜻이기도 하네. 실제로 많은 학자들이 오랜 기간 주가의 움직임을 연구해왔는데, 현재까지 발표된 가장 설득력 있는 것이 '랜덤워크 이론', 즉 주가는 제 멋대로 움직인다는 이론이라네. 재미있지 않은가?"

"하지만 주가는 기업의 내재가치를 반영한다는 '효율성 이론'도 있지 않습니까?"

"효율성 이론에서 말하는 것처럼, 저평가된 기업의 주가가 언젠가 본래의 가치에 수렴하기 위해 오른다는 주장은 장기적으로 봤을 때 틀린 게 아니야. 하지만 이 역시 '언젠가'라는 시간의 개념이 명확하지 않다는 점에서 다른 이론과 마찬가지로 주가의 정확한 움직임을 파악하는 것에는 큰 도움이 되지 않네. 설사 이론적으로 가능하다 해도, 매일 주식시장만 들여다볼 수 없는 일반인들의 현실을 감안하면, 정확한 타이밍을 잡는다는 것은 무척 어려운 일이지."

"투자에 있어 일희일비하면 결정적인 상승 시기를 놓칠 수밖에 없다는 의미인가요?"

"이제야 내 말을 정확히 이해했군."

"주식투자에 올인하는 사람들을 보면 늘 교수님과는 반대로 말하던데요."

"그것은 정확히 설명하기 어려운 문제군. 투자자 모두의 이야기는 아니지만 실제로 주식투자를 하는 사람들을 살펴보면 시장 전망과는 상관없이 무조건적인 장밋빛 환상을 지닌 투자자부터 온통 어두운 전망만을 내놓는 투자자까지 그 성향이 매우 다양하지. 그들에게 재미있는 공통점이 하나 있는데 뭔지 아는가?"

"글쎄요. 어려운 질문인데요."

"이런 사람들일수록 '틀림없이 내 말처럼 될 것이다' 라고 주장한다는 점일세."

재성이 손뼉을 짝, 쳤다.

"맞습니다! 각자 판단 기준이나 내용은 달라도 논조는 한결 같죠. 모두 내 말이 맞다는 확신을 가지고 있는 점."

"그 정도 되면 어떤 전문가의 조언도 무용지물이 되고 말지. 누누이 이야기했듯이 투자자 개개인은 신이 아닐세. 전체 개인투자자 중 시장평균수익률 이상의 수익률을 달성한 투자자가 몇 명이나 될 것 같은가. 불행히도 전체의 5%가 채 못 된다네."

"5%가 안 된다고요?"

재성이 입을 벌렸다.

"그렇다면 절대로 주식에 투자하면 안 되겠네요?"

"성급하기는. 투자가 쉽지 않다는 점을 설명한 것이지 주식투자 자체를 하지 말라는 뜻은 아니네. 주식투자는 높은 리스크를 내포하고 있어. 그럼에도 불구하고 재무목표를 이루기 위해서는 여전히 주식과 같은 리스크자산에 투자해야 하네. 주식 등의 리스크자산은 은행의 예적금, 부동산에 비해 역사적으로 훨씬 높은 수익률을 되돌려주는 게 사실이니까. 뿐만 아니라 주식은 인플레이션이 심한 시기에 자산가치 보전 효과가 매우 높은 자산이기도 하지."

"자산가치 보존 효과가 높은 자산이요?"

"그렇다네. 인플레이션이 발생하면 이는 곧 기업의 제품 가격 상승을 유발하지. 이는 결과적으로 매출액의 상승을 의미한다네. 기업의 각종 자산가치 또한 인플레이션에 의해 상승하지. 이로 인한 결과로 주가도 덩달아 상승하고. 주식은 그 자체로 보면 종잇조각에 불과하지만 그 이면에는 기업의 실체가 숨어 있기 때문에 도박이나 투기와는 다르다네."

"두 가지를 만족할 수 있는 방법은 뭘까요?"

"평범한 개인투자자가 주식과 같은 리스크자산에 투자하면서 장기투자에서 살아남을 수 있는 최선의 전략은 전문가에게 맡기는 방법뿐일 거야. 시장의 평균수익률 이상을 달성할 수 있는 상위 5%의 사람이거나 전업투자자라면 예외겠지. 하지만 평범한 95%에 해당되는 사람들이라면 이야기가 다를밖에."

"결론은 주식, 채권, 파생상품 등의 리스크자산에 꾸준히 투자하되 직접투자보다는 간접투자를 하라는 말씀이네요. 그렇다면 왜 간접투자가 해답이란 거죠?"

"간접투자의 이점은 얼마든지 있어. 우선 펀드와 같은 간접투자는 훨씬 냉정한 투자가 가능하다는 점을 장점으로 꼽을 수 있지."

"스포츠로 따지면 직접 경기에 선수로 뛰는 것이 아니라 한 발 물러나 지켜보는 것과 같으니 일희일비하는 리스크가 확실히 줄어들긴 하겠군요."

"두 번째는 프로들의 게임에 참여할 수 있다는 점이네. 프로 투자자들은 전문성과 많은 경험을 가지고 있는 전장의 고수들이지. 단순히 기업의 가치를 분석하고, 기술적 분석을 남들보다 잘하는 능력의 차이뿐이 아니야. 개개인에 비해 엄청난 정보망을 가지고 있고, 그런 정보망을 통해 시시각각 밀려드는 정보들을 분석하고 실시간으로 대응하시. 세 번째 이점은 자산의 분산투자 효과를 극대화할 수 있다는 점일세. 이미 설명했듯이 분산투자 효과는 많은 자산에 분산하면 할수록 극대화되는 특징이 있거든. 하지만 몇몇 주식의 경우 단 1주의 가격이 수십만 원에서 수백만 원을 호가하는 경우도 많아. 다시 말해 개인의 한정된 자산으로 일정 규모 이상의 포트폴리오를 갖기란 현실적으로 불가능하다는 이야기도 되겠지? 그러나 보통 펀드는 벤치마크라는 종목을 선정해서 적게는 수십 개에서 많게는 100개 이상의 종목에 분산투자를 하므로 적은 투자금으로도 유용한 포트폴리오를 구성할 수 있는 걸세."

"이 같은 포트폴리오를 가진 펀드에 투자하면 간접적으로 수십 가지 종목에 분산투자하는 효과를 누릴 수 있겠군요."

"그뿐만이 아니야. 간접투자를 하면 시간의 분산효과 역시 활용할 수 있어. 실제로 가격변동 리스크를 줄이는 방법은 자산을 쪼개는 분산투자도 있지만 투자 기간을 길게 늘이는 방법도 있다네. 투자 기간이 길어질수록 변동성(리스크)이 줄어들기 때문이지. 더군다나 투자 기간을 길게 늘이면서도 물가상승 리스크를 피할 수 있는 자산을 꼽자면 사실 주식만 한 것이 없거든."

"투자 기간을 길게 가져갈수록 리스크가 줄어드는 효과가 있다는 것은 처음 알았어요."

"펀드 같은 적립식 투자의 최대 매력은 높은 분산투자의 효과를 적은 투자자금으로 향유할 수 있다는 점이네. 뿐만 아니라 투자 시점을 분산할 수 있다는 점도 장점이라 할 수 있지. 매월 일정액씩 투자하는 적립식 투자를 하면 매수 타이밍에 대한 고민을 전혀 할 필요가 없고."

"투자 시점 분산에 따라 평균 매입단가가 하락하는 코스트 에버리징 효과를 말씀하시려는 거군요?"

"정확히 맞췄네. 매수하는 타이밍을 분산시켜 리스크를 대폭 낮춰주고, 매월 일정한 금액을 투자 시 주가가 오르면 주식을 적게 사고 내리면 많이 사는 행동이 자동적으로 반복되면서 주식을 사들이는 데 드는 평균비용이 낮아지는 효과, 즉 코스트 에버리징 효과를 동시에 얻을 수 있다는 장점도 있지. 아, 한 가지 빼먹은 게 있군."

"또 뭐죠?"

"기회비용의 문제일세. 다른 건 몰라도 이 이야기는 자네에게 꼭 해주고 싶은 말이었네."

"기회비용에 대해서는 저도 잘 압니다. 여러 번 강조하셨잖아요."

"자네가 알고 있는 일반적 기회비용을 설명하려는 게 아니야. 재미있는 질문 하나 해볼까? 만약 자네가 1년에 100만 원이란 돈과 100시간이라는 노력을 투자해 10%의 투자수익률을 달성했다고 가정하면 얼마의 수익을 낸 걸까?"

"당연히 10만 원이겠죠."

"맞아. 그런데 만약 자네가 그 돈과 시간을 자기계발에 투자해 몸값을 높였다고 생각해보세. 그 덕분에 연봉이 100만 원 올랐다면 어느 쪽이 이익일까?"

"당연히 자기계발에 투자한 쪽이겠죠. 100만 원의 수익이 창출되었으니."

"그렇다면 100만 원이 아니라 투자수익률과 동일한 10만 원의 연봉 상승밖에 없었다면?"

"그래도 저는 자기계발에 더 높은 점수를 주고 싶네요."

"어째서?"

"투자수익률은 내년에도 10%가 될지 불확실하지만, 일단 습득한 지식과 기술은 꾸준한 수익 증가를 가져다줄 확률이 높을 테니까요."

"현명한 대답이군. 부자가 되는 가장 쉬운 길은 부자가 될 수 있는 능력을 갖추는 것이네. 주체할 수 없을 정도로 많은 돈을 벌 수 있다면 재테크라 하는 것도 그다지 큰 의미가 없는 법이야. 미국 100달러 지폐의 모델이자 철저한 자기계발로 유명한 벤저민 프랭클린은 '지식에 투자하는 것이야말로 항상 가장 높은 수익을 가져다준다'라고 말했지. 나 역시 그의 말에 전적으로 동의하네."

"저 역시 대부분의 샐러리맨에게 가장 확실한 부의 증대 수단은 자기계발밖에 없다고 생각해요. 직접투자에 집중하는 주변 사람들을 보면 정상적인 생활이 어려운 경우가 많더라고요. 주어진 업무하랴, 주식투자하랴 한꺼번에 두 가지를 신경 써야 하니 업무도 주식도 제대로 해내지 못하고. 이러한 현상은 퇴근

Think!
손실혐오와 소유효과

한 강의실에서 실험이 시작되었다. 학생들 중 일부에게는 메모와 함께 5달러짜리 컵이 주어졌다. 메모의 내용은 이랬다. "이 컵은 여러분의 것입니다. 이 컵을 적당한 가격으로 팔거나 그냥 집으로 가져갈 수 있습니다." 컵을 소유한 학생들은 '판매자'로 불렸으며 0.50~9.50달러 사이에서 팔 수 있었다. 컵을 받지 못한 학생들은 '결정권자'로 불렸다. 그들에게도 비슷한 과제가 주어졌다. 판매자와 마찬가지로 컵을 받을지, 아니면 돈을 받을지 결정할 수 있었고, 판매자와 마찬가지로 0.50~9.50달러 사이에서 가격을 매길 수 있었다.

'컵의 가치'는 오로지 그들이 내리는 판단에 따라 결정되었다. 결정권자들은 아직 가지고 있지 않은 두 가지(컵 혹은 돈) 중에서 하나를 고를 수 있었다. 어떤 결정을 내리든 처음보다 많은 것을 소유할 수 있었다. 이에 비해 판매자들은 현재 지위(컵의 소유)를 유지하기로 결정하든지 아니면 팔든지 선택해야 했다. 그들에게 돈의 수입은 컵의 손실로 연결되었다. 반대로 컵을 갖기 위해서는 돈을 포기해야 했다. 실험 결과 판매자들은 평균 7.12달러를 요구한 반면 결정권자들은 평균 3.12달러로 컵을 평가했다.

《넛지》라는 책으로 잘 알려진 경제학자 리처드 탈러가 발견한 '손실혐오'의 내용이다. 사람들은 똑같은 액수라 해도 얻는 것의 가치보다 잃는 것의 가치를 훨씬 크게 느낀다. 이 같은 현상은 투자 현실에서도 쉽게 찾아볼 수 있다. 만약 현재 L전자와 D전자의 주식을 가지고 있는데, S전자의 주식을 사기 위해 하나의 주식을 팔아야 한다고 가정하자. L전자의 주식은 50%의 손실을 기록하고 있고, D전자의 주식은 50%의 수익을 올리고 있다. 어떤 종목을 팔고 S전자의 주식을 사는 것이 이익일까?

어떤 종목을 파는 행위는 개인의 선택이며, 여러 변수를 감안한다면 무엇이 정답이라고 결정할 수는 없다. 손절매의 중요성을 깨달았다는 가정 하에 L전자의 주식을 파는 것이 합리적인 선택이리라. 그러나 현실에서는 대부분 D전자의 주식을 팔고 L전자의 주식을 쉽게 손절매하지 못한다.

후에도 이어져 항상 근심걱정에 시달리고. 마음 편히 문화생활도 누리지 못하죠."

"사람들은 항상 더 많은 선택의 기회를 원하지. 하지만 우리네 삶에서 선택의 폭은 그리 넓지 않다네. 예컨대 멋진 몸매 혹은 뚱뚱한 몸매 중에서 하나를 선택할 수 있는 게 아니라 맛있는 음식을 포기할지 아닐지를 선택해야 하는 거야. 이는 삶의 여러 부분에도 적용할 수 있어. 점심시간에 1만 원짜리 커피 한 잔은 쉽게 소비하는 사람이 자기계발을 위한 책 구입비용 1만 원은 비싸다고 말하면서 부자가 되길 꿈꾸고. 이러한 잘못된 인식을 바꿔야 한다네."

"교수님의 말씀, 명심하겠습니다."

LESSON 10
적립식 투자와 코스트 에버리징 효과

길게 투자하라. 그리고 분산해서 투자하라.
적립식 투자의 장점은 투자 시기를 최대한 분산함으로써 주가변동의 리스크를 최소화시키는 시간의 포트폴리오 효과를 얻을 수 있다는 점이다. 또한 그로 인한 추가적인 수익 효과까지 얻을 수 있다. 매월 특정일에 일정한 금액을 투자하면 첫째, 매수 타이밍을 인위적으로 판단하는 리스크에서 벗어날 수 있다.
둘째, 주가가 오르면 적게 사고 내리면 많이 사는 일이 자동으로 반복되면서 주식을 사들일 때의 평균비용이 낮아지는 효과를 동시에 얻을 수 있다. 예를 들어 현재 주가가 1만 원이고, 1개월 후 상승해서 15000원, 반대로 폭락해서 5000원, 마지막 3개월째가 되어서는 반등해서 다시 1만 원이 되었다고 가정해보자. A는 3000만 원을 첫 달에 투자하고, B는 1000만 원씩 3개월에 나누어 투자했다. A의 잔고는 3개월이 지난 지금 여전히 3000만 원 (3000주×10000원)이다. 반면 B의 경우 첫 달에는 1000주, 두 번째 달에는 667주(1000만 원/15000원), 세 번째 달에는 2000주(1000만 원/5000원)의 합 3667주를 소유해 3개월 후 잔고는 3667만 원이 된다. A의 평균매입단가는 10000원이고, B는 투자 시기를 분산한 효과로 8200원에 불과해 약 22%의 수익을 올

코스트 에버리징 효과

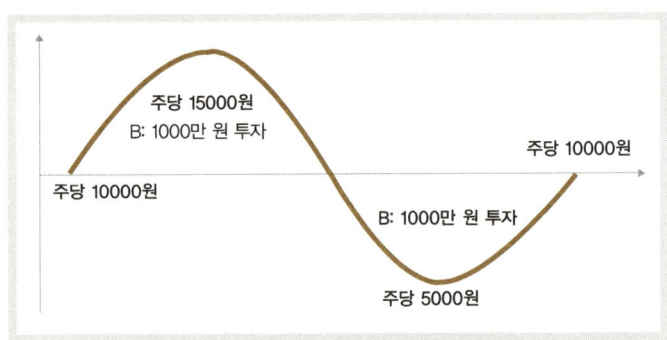

	투자 시작	1개월	2개월	3개월
A	3000만 원 일시 투자	3000주 보유	3000주 보유	3000주×10000원= 3000만 원(0%) 3000주 보유
B	1000만 원 투자 1000주 보유	1000만 원 투자 1677주 보유	1000만 원 일시 투자 3667주 보유	3667주×10000원= 3667만 원(22%)

렸다. 이 같은 효과를 적립식 투자의 '코스트 에버리징 효과'(평균 매입단가 하락 효과)라 한다.

물론 이 방법이 리스크가 전혀 없는 만병통치약은 아니다. 코스트 에버리징 효과를 활용한다 해도 결국 주식을 매입한 단가보다 낮은 가격일 때 매도하면 손해가 나는 것을 피할 수 없기 때문이다. 코스트 에버리징 효과의 기본 전제는 주식시장이 장기적으로 우상향(성장) 곡선을 보일 것이란 믿음이 있어야 하며, 시장 변화에도 흔들리지 않고 장기간 지속적인 투자가 이루어져야 한다. 과거 우리나라의 부동산 불패 신화가 지금까지 이어져 왔던 것도 이 같은 전제와 더불어 '내리면 언젠가는 다시 오르기 때문에 팔지 않겠다'는 사회적 심리가 깔려 있는 때문이었다.

다음 그래프 중 A의 상황은 주가가 계속 오르는 경우다. 이때는 어떤 방법으로 투자하건 수익이 나는 구조다. 하지만 적립식의 경우 평균매입단가를 높이는 효과가 발생하므로 오히려 거치식의 수익률이 더 높은 상황이 발생한다.

C는 적립식 투자에 따른 코스트 에버리징 효과가 가장 크게 나타나는 상황이다. 주가가 떨어질 때 상대적으로 주식을 많이 사서 보유량을 늘렸으므로 주가가 오를 때 그만큼 가속도가 붙는 효과가 커지기 때문이다.

다음은 반대로 떨어지는 상황을 살펴보자.

B의 상황은 어떤 투자방식을 선택하든 손실을 피할 수 없다. 모두가 가장 싫어하는 상황이다. 하지만 재미있게도, A와는 반

대로 적립식 투자 시 평균매입단가를 낮추는 일명 '물타기 효과'가 발생해 거치식에 비해 손실률이 적어지는 효과가 있다. 리스크를 변동성이라 정의했다. 결국 적립식 투자 시 코스트 에버리징 효과로 인해 주가가 오르건 내리건 리스크(변동성)가 줄어든다.

D의 상황은 '역 코스트 에버리징 효과'의 예로 적립식 투자 시 가장 나쁜 결과가 나타나는 대표적 경우다. 적립식 투자 효과를 비판하는 사람들이 주로 사용하는 케이스다. 주가가 올라간 상태에서 보유량을 늘렸다가 짧은 시간에 폭락해버렸으므로 C와 같이 평균매입단가를 낮추는 효과가 제대로 발휘되지 못한다. 때문에 큰 손실이 발생하는 것이다.

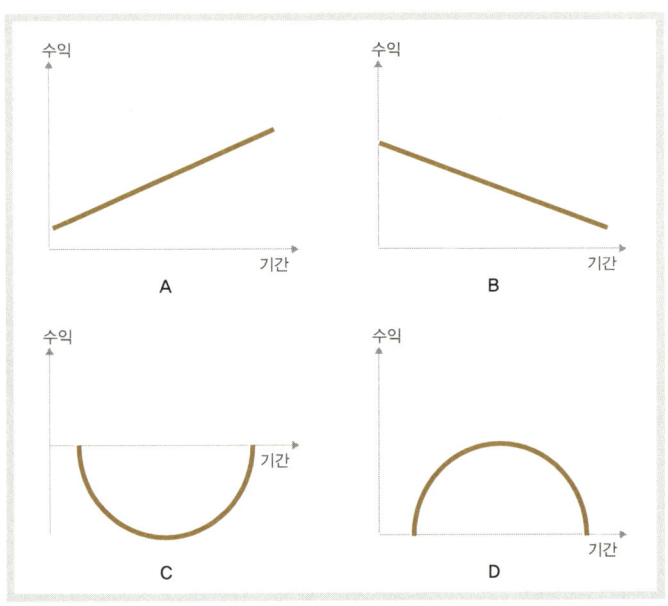

결국 B와 D의 경기침체가 발생하면 코스트 에버리징 효과를 통해서도 수익을 기대하기는 어렵다. 중요한 점은 D의 상황이라 해도 여전히 평균매입단가는 이 기간의 평균주가보다 낮다는 점이다. 이는 곧, 투자 기간을 조금 더 늘려 주가가 오르기를 기다릴 수만 있다면 더 큰 주기의 코스트 에버리징 효과를 얻을 수 있다는 의미다.

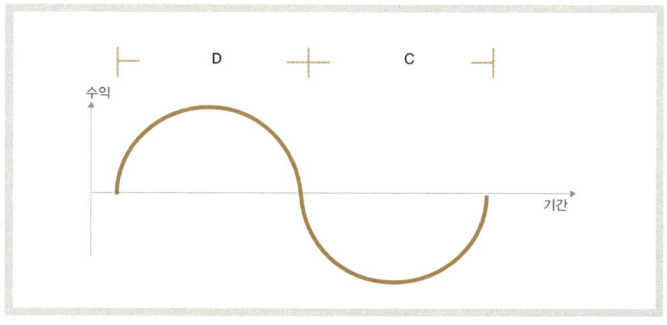

역 코스트 에버리징 효과인 D의 상황에서 기간을 늘리면 C, D와 비슷한 그림이 나타난다. 경기가 일정한 주기를 가지고 순환한다는 경제의 기본원리를 감안할 때, 장기투자라는 믿음만 있으면 평균매입단가 하락 효과를 볼 수 있다. 때문에 장기투자라는 믿음과 인내 없이는 불가능하다는 결론이 나온다.

적립식 투자에서 실패하는 가장 큰 원인은 주가 하락이 아니라 주가 하락 시 불안감으로 인해 투자를 지속하지 못하는 조급함에 있다. 주가가 떨어진다는 것은, 장기적으로 보면 더 유리한 가격에 주식을 매입할 수 있는 기회다. 이렇게 매입한 주식들은 향후 시장이 반등할 때 수익률을 높이는 첨병 역할을 톡톡히 한다.

Money
Poor
Survival
Project

6
재무 항로를 점검하다

부자가 되는 가장 가까운 길은 부를 경영하는 데 있다.
―세네카―

MONEY POOR SURVIVAL PROJECT

오 교수의 마지막 레슨

6월 말의 인천국제공항은 한산했다. 재성은 정오쯤 공항에 도착했다. 교환교수 프로그램으로 당분간 한국을 떠나 미국에서 강의할 오 교수를 환송하기 위해서였다.

저 멀리 오 교수와 가족의 모습이 눈에 들어왔다. 그들에게 인사한 뒤 오 교수와 함께 커피숍에 자리를 잡았다.

"그동안 이 늙은이 잔소리 듣느라 고생이 많았네."

"정말 감사했습니다."

진심으로 고마움을 느꼈던 재성이었다. 학교를 졸업한 뒤 처음으로 받은 개인레슨이었으니.

"교수님을 만난 이후로 세상을 보는 눈이 달라졌습니다. 이 은혜를 어떻게 갚아야 할지……"

오 교수가 앞으로 몸을 숙이면서 불쑥 물었다.

"자네, 투자의 목적이 무엇이라 생각하나?"

"그거야…… 돈을 버는 것이죠."

"맞아. 돈을 버는 것이지. 그렇다면 그 목적지에 얼마나 많은 사람들이 도착할까?"

"어려운 질문이군요. 적어도 투자를 통해 돈을 버는 것이 쉽지 않다는 점은 분명하겠지요."

"그래, 절대로 쉽지 않지."

잠시 생각에 잠긴 오 교수가 다시 입을 열었다.

"마지막으로, 먼 목적지에 성공적으로 도착하기 위해 명심해야 할 사항을 충고하고 싶네."

마지막이라는 말에 재성은 한차례 숨을 들이마셨다.

"일단 돈의 속성에 대해 꼭 이해하길 바라네."

"돈의 속성이요?"

"돈이라는 것은……. 원심력보다는 구심력이 작용하는 특성이 있네. 돈은 마치 눈 위를 굴러가는 스노우 볼처럼 처음에는 아무리 굴려도 그 크기가 눈에 띄지 않아. 하지만 어느 정도 커지면 엄청난 속도로 주변의 돈을 끌어당기는 특성이 있지. 내가 자네에게 충고했던 것처럼 명확한 목표를 세우고, 지출을 통제하면서 자산을 늘려가는 시스템을 만들어 지속적으로 지켜나가야 해. 처음에는 힘들겠지만 일정 시간이 흐르면 자신도 모르는 사이에 꽤 커져 있는 자산에 스스로도 놀라는 순간이 분명 올 걸세. 스노우 볼이 어느 정도 커지기 전에 포기하면 절대로 안 돼!"

"명심하겠습니다."

"돈은 적은 곳에서 많은 곳으로 흘러 들어가는 속성도 있다네. 일종의 만유인력 법칙이 돈의 세계에도 존재하지. 1억을 가진 투자자와 10억을 가진 투자자, 100억을 가지고 있는 투자자가 있다면 100억을 가진 투자자가 이길 확률이 높네. 투자의 세계에서 큰돈이 작은 돈을 이길 확률은 현저히 높지. 전문 투자자들이 '종잣돈'의 중요성을 끊임없이 외쳐대는 것 역시 이와 같은 이유야."

"우선 종잣돈을 마련해야겠군요."

"머니푸어에서 벗어나 부자가 되길 원한다면 내가 말한 돈의 속성을 절대 잊어서는 안 돼. 그리고 이제 자네에게 남은 것은 계속해서 스노우 볼을 굴리는 인내심과 목표를 잃지 않는 판단력이야. 혹시라도 인내심이 흔들릴 때면 돈의 속성을 다시 한 번 떠올려보게. 평상심을 유지하는 데 큰 도움이 될 테니까."

"꼭 명심하겠습니다 교수님!"

"좋아. 그러면 본격적으로 마지막 수업을 시작해볼까?"

"그러시죠."

"장기간 목표를 향해 항해하는 배는 파도와 어둠, 폭풍우라는 시련에 직면하게 마련이지. 그 궤도를 끊임없이 수정해야 안전하게 목적지에 다다를 수 있다네."

"그렇습니다."

"투자에서 장기적인 성공을 거두기 위해서는 정기적으로 성과를 점검하는 것은 물론 동시에 포트폴리오를 재구성하는 노력이 필요해. 이제부터가 자네에게 해주려는 이야기의 핵심이야. 포트폴리오 재구성이란 투자에 있어 자산배분의 비율을 적절하게 조절하는 것!"

"자산배분의 비율을 조정한다고요?"

"예를 들어볼까? 주식 5000만 원(50%), 정기예금 5000만 원(50%)의 포트폴리오를 준비했다고 가정해보세. 1년이 지나 주식 10%, 정기예금 4%의 수익률을 달성했다고 하면, 각각 자산의 비중은 5500만 원(51.4%), 5200만 원(48.6%)으로 변동되었지. 아직 그 차이는 크지 않겠지만 이렇게 변동된 포트폴리오의 성격은 최초의 투자전략 성격과는 약간의 차이가 발생할 거야. 5년 정도로 기간을 늘리면 차이가 확연하게 드러나지. 주식은 8052만 원(55.8%), 예금은 6381만 원(44.2%)이 되니까. 자신의 최초에 의도한 바와는 다르게 리스크 투자안이 되어 있는 것을 알 수 있지. 투자 목적에 맞게 주가 상승기에는 늘어난 자산 비중만큼 안전자산으로 이동하고, 반대로 주가 하락기에는 줄어든 자산 비중만큼을 안전자산에서 리스크자산으로 이동하는 행위를 통해 재조정이 필요하지."

"수익률이나 상황 변화에 따라 달라진 자산배분 포트폴리오를

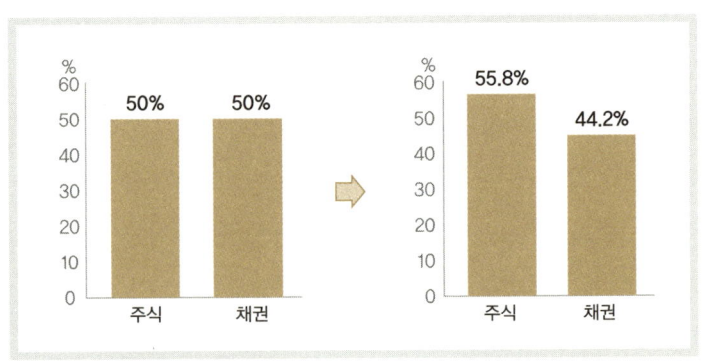

정기적으로 평가하고 필요하다면 재조정하라는 말씀이군요."

"현재의 포트폴리오가 본래 투자계획에 따라 잘 유지되고 있는지 검토하고, 변화가 있다면 원래의 비율을 유지하기 위해 재조정해가는 행위를 포트폴리오 리밸런싱이라 하거든. 시장과 트렌드는 수시로 변하기 마련이고, 변화의 물결에서 목표한 수익을 달성하기 위해서는 파도의 흐름에 따라 투자전략을 변경하는 게 꼭 필요한 과정이네."

"포트폴리오 리밸런싱을 통해 얻을 수 있는 효과에는 어떤 것들이 있죠?"

"목표를 향해 항해하는 동안 전략적 자산배분 안이 꾸준히 원래의 목적에 맞게 유지될 수 있도록 도와주지. 또한 전략적 자산배분 안과의 괴리가 커지면 리스크와 리턴의 본래 특성이 변하는 상황이 발생하게 되는데, 이런 리스크로부터 보호해준다는 장점도 있지."

"예를 들면 어떤 거죠?"

"만약 주식형 펀드 2000만 원(50%)과 채권형 펀드 2000만 원(50%)의 포트폴리오를 가진 투자자가 있어. 그가 매월 추가로 주식형 펀드에 50만 원씩 적립식 투자까지 병행하는 투자 안을 가지고 있다고 가정해보세. 매년 주식형 펀드가 10%, 채권형 펀드가 5%의 수익률을 달성해 1년이 경과되었다면 각각 2200만 원(52%), 2100만 원(48%)이 되어 있을 걸세. 여기에 추가로 매월 50만 원씩 불입한 주식형 펀드의 원리금 634만 원은 아직 고려하지 않았네. 올해 추가로 불입한 적립식 투자를 감안하면 처음에 50:50이었던 투자 안이 불과 1년 만에 58:42로 변하게 되는 것을 알 수 있지. 자신도 모르는 사이에 최초 투자 안에 비해 리스크가 높은 포트폴리오로 자산이 스스로 변화한 셈이지."

"정말 그렇네요."

"이와 같은 케이스에서 만약 포트폴리오 재조정 없이 3년이 지나면 자산 비중은 67:33으로 리스크자산 비중이 안전자산 비중의 2배 가까이 증가되어 있겠지. 시간이 지날수록 최초에 계획했던 자산배분전략과는 동떨어진 전략으로 변한 것이지. 그뿐만이 아니라 자산배분에 따른 평균매입단가 하락 효과도 간접적으로 누릴 수 있다네."

"평균매입단가 하락 효과라면 장기 적립식 투자 시 발생하는 코스트 에버리징 효과를 말씀하시는 것 아닌가요?"

"코스트 에버리징 효과는 구매비용을 평균화하는 투자법이네. 매월 일정액을 투자했을 때 적립식으로 주가가 높을 때는 주식을 적게 매입하고 주가가 낮을 때는 주식을 많이 구매해 1주당 평균 매입단가는 낮아지는 효과를 말한다네. 보통 코스트 에버리징 효과를 '기간의 분산에 따른 평균매입단가를 낮추는 효과'로만 인식하는 경우가 많지만, 포트폴리오 리밸런싱을 통해서도 이와 같은 평균매입단가를 낮추는 효과가 가능하다네."

"어떻게 그게 가능하죠?"

"시장 상승 시에는 주식을 매도해서 리스크자산의 비율을 낮추고 채권을 매입해서 안전자산의 비율을 높이고, 시장 하락 시에는 리스크자산의 비중을 늘리고 안전자산의 비중을 낮추는 전략을 사용하지. 주가 수준이 낮을 때 매입하고, 높을 때 매도하는 효과를 얻을 수 있어. 포트폴리오 리밸런싱만으로도 주가 수준이 낮을 때 더 사고 반대로 주가 수준이 높을 때는 덜 사는 형태로 평균매입단가 하락 효과를 얻을 수 있네. 예컨대 주식형에 50%, 채권형에 50%라는 포트폴리오를 1년 전에 구성했다고 해보세. 경기불황으로 주식형 펀드의 잔고가 40% 이하로 떨어져버렸네. 이때 리밸런싱을 통해 주식자산의 비중을 높여 본래의 자산배분과 동일한 50%를 맞춰주기 위해선 채권자산을 일부 처분해 주식을 매입해야 하겠지? 당연히 주가하락기에 더 많은 주식을 가질 수 있어 평균매매단가 인하 효과를 얻을 수 있네. 이렇게 주가가 쌀 때 늘린 주식 보유량은 반대로 주가 반등 시에 보다 빨리 회복하는 원동력이 되지."

"포트폴리오 리밸런싱을 적절하게 해주는 것만으로도 매입단가를 낮추는 효과가 발생하네요. 어느 정도 기간을 주기로 모니터링을 하는 게 적절한가요?"

"포트폴리오 재조정에 따로 정해진 기간은 없네. 보통 1년을 기준으로 하되 투자자산의 비중이 급격히 변하는 급변기에는 6개월로 하고, 큰 변화가 없는 안정기에는 2년까지 늘려도 되지. 상황에 맞게 투자자가 판단하면 될 걸세. 실은 내가 마지막으로 자네에게 하고 싶었던 진짜 이야기는 포트폴리오 리밸런싱이 아닐세. 그것을 통한 가장 큰 효과로 이러한 과정이 재무목표를 재점검하고 재정비하는 수단이 된다는 점을 말해주고 싶었다네."

"포트폴리오 리밸런싱이 중요한 것은, 그 자체의 투자효과도 있지만, 그 전에 재무목표를 재정비한다는 데 더 큰 의미가 있다는 말씀이군요."

"그렇지! 저기 비행기를 보게."

오 교수가 손을 들어 막 하늘로 떠오르는 여객기 한 대를 가리켰다.

"저 녀석 역시 머나먼 목적지까지 도달하기 위해서는 수시로 항로를 수정하며 날아야 하지. 출발 시 1도만 틀어진 궤도를 무시한다면 목적지에 도달할 때는 수백 킬로나 떨어진 엉뚱한 곳에 착륙할 수도 있어."

"……."

"결국 포트폴리오 리밸런싱이란 준비한 재무목표를 점검하고 지금의 항로가 계획대로 가고 있는지 혹은 잘못 가고 있다면 어떻게 수정해야 할지를 끊임없이 고민하는 과정이네. 떠나기 전에 이 말을 꼭 해주고 싶었어. 부디 자네뿐 아니라 자네를 만난 수많은 사람들 역시 끊임없는 항로 수정을 통해 어떤 변화 속에서도 목적지까지 안전하게 도착할 수 있기를 기원하겠네."

"명심하겠습니다. 다시 만나는 날에는, 비록 재벌은 아닐지라도 지금보다 더 나아진 나재성의 모습을 보여드리겠습니다."

오 교수가 싱긋 미소를 지으며 자리에서 일어났다.

두 사람과 가족이 계단을 통해 출국장으로 내려갔다. 이윽고 게이트 앞에 선 두 남자가 뜨거운 악수를 나누었다.

마주 보는 두 눈에, 인생의 아름다운 불꽃이 환히 피어올랐다.

에필로그

우리는 왜 돈을 벌어야 할까요?

부자이면서 행복한 사람.
부자지만 불행한 사람.
가난하지만 행복한 사람.
가난한데다 불행한 사람.

여러분은 어떤 사람이 되고 싶으십니까? 대부분이 '부자이면서 행복한 사람'을 택하겠지요. 그렇다면, '부자지만 불행한 사람'과 '가난하지만 행복한 사람' 중에서는 어떤 쪽을 택하고 싶으십니까?

궁극적으로 사람들은 부자가 되는 게 아니라 행복해지기를 바랍니다. 돈이 아무리 많아도 행복하다고 느끼지 못하면 인생에 아무 의미가 없다는 것을, 누구나 잘 알고 있습니다. 우리가 재테크에 몰입하는 궁극적 이유 역시 행복해지기 위해서입니다. 남들이 10억 원쯤은 있어야 부자라고 하니 자신의 상황은 전혀 감안하지 않은 채 '나도 10억 원은 있어야겠다'는 조급함으로 재테크에 뛰어드는 것. 이래서야 부의 근본 목적인 행복과는 점점 멀어질 수밖에 없습니다.

  1억 원을 가진 사람, 10억 원을 가진 사람, 심지어 100억 원을 가진 사람도 있습니다. 누구나 아래 단계에서 위 단계를 바라보며 부러워하고 동경하는 것은 자연스러운 현상입니다. 하지만 1억 원의 삶에 비해 10억 원의 삶이 10배 더 행복하다고 말할 수는 없겠지요.

  집 앞 공원에서 가족들과 배드민턴을 치는 것과 월 100만 원짜리 골프클럽에서 골프채를 휘두르는 것은 똑같이 즐거운 일입니다. 하지만 우리 주변에는 100만 원짜리 골프클럽은 '성공'이라 부르고 가족끼리 배드민턴 치는 것은 '실패'라 부르는 사람들이 적지 않습니다. 많은 이들이 이러한 성공의 허상을 부러워합니다. 또한 조급해합니다.

  언젠가부터 우리는 뭔가 중요한 가치를 잃고 잊고 살아가고 있는 것 아닐까요?

  얼마를 모았는가는 중요하지 않습니다. 더욱 중요한 것은 어떤 마음으로 사느냐입니다.

  흔히 10억 원 정도 있으면 부자라고들 합니다. 10억 원이란 목표를 달성하려면, 매월 100만 원씩 4% 금리상품에 투자한다고 했을 때 40년가량이 걸립니다. 현재 30세인 사람이 70세 정도는 되어야 10억이란 돈을 만져볼 수 있다는 이야기가 됩니다. 부(富) 그 자체를 목적으로 한 삶이 얼마나 무의미한 것인지를 새삼 느낄 수 있는 대목입니다.

앞서 언급했듯 우리가 재테크를 하는 궁극적인 목적은 행복하기 위해서입니다. 그런데 그 과정을 소중히 여기지 않고 결과에만 집착하고 조급해한다면, 성공적인 재테크는 점점 멀어질 수밖에 없습니다. 설령 10억 원을 손에 쥐었다고 한들 이를 인생의 의미와 접목시킬 수 없다면, 행복이라는 궁극의 목표를 이룰 수 있을까요.

저는 돈과 관련된 직업을 가지고 있습니다. 그래서 돈은 많지만 행복하지 않은 부자들을 너무도 많이 봐왔습니다. 이들 모두가 공통적으로 하는 탄식이 있었습니다. '돈만 많아지면 훨씬 행복해질 거라 생각했는데……'

뭔가 시작하기엔 너무 늦었다고 생각하는 분들에게, 제가 감히 한 말씀 드리겠습니다. 늦었다고 생각할 때가 가장 빠르다고 합니다. 덤으로 사는 인생은 없다고 합니다. 한 사람 한 사람의 삶은 그 자체로 존엄합니다. 자기 인생에 기대를 갖지 않는다는 것은 존엄성의 포기라고 할 수 있습니다. 부디 돈에 속박당하여 자신의 존엄성을 포기하는 일이 없기를 고대합니다. 독자 분들의 소중한 인생을 응원합니다.

부족한 글임에도 출판을 결정해주신 한경BP에 감사의 말을 올립니다. 아직은 어리지만 언젠가 커서 이 책을 읽어보게 될 아들 민준과, 옆에서 늘 묵묵히 응원해주는 아내와 가족들에게도 사랑한다는 말을 전합니다.

돈의 속박에서 벗어나는
10가지 나침반

1. 인생을 설계하고 돈을 고려하라

당신이 인정하건 인정하지 않건 인생을 살아가는 데 돈이 필요하다는 사실은 변함없다. 이는 자본주의의 속성이자 자본주의를 살아가는 사람들의 숙명이다. 당신은 내 집 마련, 노후 등 인생의 큰 그림을 설계한 경험이 있는가? '아니오'라고 답했다면 지금부터라도 진심으로 고민해야 한다. 인생의 큰 그림을 그리는 것은 성공적인 삶을 살기 위해 매우 중요한 작업이다. 또한 인생설계 시 돈이라는 변수를 꼭 고려해야 한다. 돈은 당신의 꿈을 이루어주게 하는 필수품이기 때문이다.

2. 명확한 재무목표를 세우고 재무 상태를 낱낱이 파악하라

세상에 공짜는 절대 없다. 노력한 만큼 대가를 얻는다. 그 대가를 얻기 위해서는 명확한 목표가 있어야 한다. 백지 위에 당신의 목표를 적어라. 단순히 '부자가 되고 싶다'는 뜬구름 잡는 계획이 아닌, 구체적인 계획을 세워라. 허황된 목표와 현실적 목표의 구분이 필요하다. 연봉 3000만 원을 받는 사람이 1년 뒤 1억 원을 모으는 것은 불가능하다. 10년 후 1억 원을 버는 목표를 잡았다면 어떻게 해야 그 돈을 모을 수 있을지 고민하라. 장기계획과 더불어 1년 단위의 계획도 함께 세워라. 나를 모르고 전쟁터에 나가 승리하고자 하는 것은 지나친 과욕이다. 전쟁터에 나가기 전에 나에 대해 낱낱이 파악하라. 재산 상태부터 빚, 수입과 지출 규모, 주변의 상황, 재무목표 등 나의 현재 상황을 낱낱이 분석하라.

3. 지출에 대해 막강한 통제권을 행사하라

악순환의 고리를 끊기 위해 가장 먼저 해야 할 일. 지출에 있어서만큼은 막강한 통제권을 행사하는 것이다. 지출이 수입보다 많은 사람은 무조건 돈에 허덕이게 된다. 진리는 의외로 간단하고 가까운 곳에 있다. 많은 사람들이 지출에 대한 통제권을 행사하지 못하는 이유는 돈을 통제하지 못하고 돈에 끌려 다니는 때문이다. 돈의 주인이 되고자 한다면 단돈 10원이라도 변동 내역을 꼼꼼히 살펴라. 기업이 자신의 매출과 수입, 지출, 자산의 변동 내역 등을 정확히 파악하지 못한다면 제대로 유지되기 어렵다. 이는 개인도 마찬가지다.

4. 내 손에 들어온 돈으로 생활하고 신용카드에 대한 환상을 버려라

당신은 내 손에 들어온 돈을 기준으로 저축하고 투자하고 소비하고 있는가? 아니면 총수입을 기준으로 생활하고 있는가? 후자라면 빠듯하게 살아갈 확률이 크다. 사람들은 대부분 총수입을 가지고 지출 계획과 생활수준을 감안한다. 세금과 공과금, 신용카드 대금, 각종 할부금 등은 내 돈이 아니다. 신용카드가 생활의 필수품이라 여기는 사람이 있다면 하루 빨리 이 같은 함정에서 벗어나야 한다. 신용카드는 내 미래의 수입을 담보로 미리 끌어다 쓰는 일종의 빚이다. 당신의 돈이라는 착각에서 벗어나라. 이 생각만 바꿔도 돈을 모을 수 있다.

5. 빚에 대해 단호한 태도를 가져라

부자가 되는 재테크의 첫 걸음은 빚에 대해 단호한 태도를 갖는 것이다. 빚에 끌려 다니면 아무것도 얻을 수 없다. 당신은 혹시 빚에 익숙해지지 않았는가? 이자의 함정을 대수롭지 않게 생각하고 있지는 않는가? 빚을 현명하게 활용하는 것과 빚에 끌려 다니는 것은 엄연히 다르다. 지금 빚이 있다면 최대한 빨리 갚아라.

6. 꾸준히 정보분석 능력을 키워라

돈이 없다며 한탄하지 말고 무엇을 어떻게 개선해야 할지를 고민하라. 만

약 내년에 1000만 원을 벌고 싶다면 어떻게 그 돈을 벌 수 있을까를 모색하라. 오늘의 한탄은 미래에 당신을 부자로 만들어주는 데 아무런 도움도 되지 않는다. 부자들은 보통사람들과 적어도 한 가지 다른 점이 있다. 공부를 열심히 하고, 사람 관리를 잘하며, 돈이 가져다주는 자유를 사랑한다. 당신도 충분히 이렇게 할 수 있다.

7. 망한 사람들도 좋은 배움의 대상이다

당신은 혹시 성공한 사람들만을 쫓고 있지 않은가? 돈 없는 사람들 혹은 실패를 자주 겪는 사람들의 특징 중 하나는 귀가 얇다는 점이다. 똑똑한 사람도 돈과 투자의 세계에서는 쉽게 속기 마련이다. 일류 브레인이라 일컬어지는 경제학 교수나 석학들도 투자의 세계에서는 뼈아픈 실패를 겪는 일이 비일비재하다. 하물며 당신이라 해서 감언이설에 속지 않을 것이라 장담할 수 있을까? 주변에 망한 사람이나 실패한 사람이 있다면, 그들 역시 좋은 배움의 대상이라는 사실을 인식하라. 당신은 망한 사람들에게서 무엇을 배우고 있는가?

8. 최고의 재테크는 본업에 충실하는 것이다

사업을 하는 사람이라면 본인의 사업으로 승부를 보아야 한다. 샐러리맨의 경쟁력은 단연코 자신의 역량이다. 끊임없는 자기계발로 승부를 걸어야 하며 주식을 멀리 해야 한다. 현재 시장은 신자유주의라는 명분하에 누구나 동등한 투자 기회를 갖는 평등한 시장원리, 이른바 무한경쟁이 지배하고 있다. 이것을 절대적 평등으로 착각하지 마라. 단지 기회의 평등일 뿐이다. 평등을 믿고 투자의 세계에 뛰어들어 낭패를 보기 전, 자신의 직업에 충실한 것이 최고의 재테크임을 명심하라.

9. 저축은 짧게 하고 투자는 길게 하라

직접 투자를 통해 이길 수 있는 방법이 전혀 없는 것은 아니다. 바로 길게 투자하는 것이다. 단기간의 경제 흐름을 예측하거나 주가를 예측하는 것은 신의 영역이다. 그러나 경기의 큰 흐름을 읽는 관심의 끈을 놓지 않는다면 큰 추세를 파악하는 것은 그리 어려운 일이 아니다. 그 포인트를 읽고 그에 따라 종잣돈을 굴리면 돈을 벌 수 있다.

10. 리스크관리는 모든 투자의 시작이다

세계적인 투자자 워렌 버핏의 투자 철학을 잊지 마라. 리스크관리는 투자의 시작이자 끝이라 해도 과언이 아니다. 투기적 리스크와 순수 리스크로 구분해 삶에서 마주치는 리스크에 대처하는 능력을 키우라. 또한 투자의 세계에서 부딪치는 리스크에 대비할 수 있는 능력을 길러라. 투자에서 운을 기대하는 것은 어리석은 행위다.

2030 빚 걱정 없이 사는 법
머니푸어 돈관리

지은이 | 김태형
펴낸이 | 김경태
펴낸곳 | 한국경제신문 한경BP

제1판 1쇄 인쇄 | 2013년 2월 12일
제1판 1쇄 발행 | 2013년 2월 18일

주소 | 서울특별시 중구 중림동 441
기획출판팀 | 02-3604-553~6
영업마케팅팀 | 02-3604-595, 583 FAX | 02-3604-599
홈페이지 | http://www.hankyungbp.com
전자우편 | bp@hankyungbp.com
T | @hankbp   F | www.facebook.com/hankyungbp
등록 | 제 2-315(1967. 5. 15)

ISBN 978-89-475-2901-3   13320

값 13,000원

파본이나 잘못된 책은 구입처에서 바꿔드립니다.